政治家が、いま、考え、なすべきこととは何か。

元・総理 竹下登の霊言

大川隆法

Ryuho Okawa

まえがき

竹下登《たけしたのぼる》・元総理大臣の霊言である。予想を超《こ》えて、厳しく、かつ明確な内容だった。

自民党への驕《おご》りの戒《いまし》め、特に安倍総理個人への政治的御指導は、私の想像の枠《わく》を超えて強烈なものだった。この方が民主主義の本質をここまでよく考えられ、マスコミをも厳しく叱るとは、ただただ驚きを禁《きん》じえないと言うしかない。

私が創立し、総裁を務《つと》めている「幸福実現党」に対しても、結局、「志《こころざし》のために死ね。生き延《の》びようと思うな。負けても正論を貫《つらぬ》け。」とおっしゃっていると理解されるので、公式に大川隆法の個人的見解とは認めるわけにはいかない。

私は、この国の国民やマスコミの方々が、長い目では必ずや「正しい者は勝つべきだ。」と願っているものと信じたい。ただ竹下氏の一喝《いっかつ》から、何を学びとるかだけはしっかりと受け止めたいと考える。

二〇一五年　十一月二十八日

幸福《こうふく》の科学《かがく》グループ創始者兼総裁《そうししゃけんそうさい》
幸福実現党総裁《こうふくじつげんとうそうさい》　大川隆法《おおかわりゅうほう》

政治家が、いま、考え、なすべきこととは何か。
元・総理　竹下登の霊言

目次

まえがき　1

政治家が、いま、考え、なすべきこととは何か。
元・総理　竹下登《たけしたのぼる》の霊言《れいげん》

二〇一五年十一月十九日　収録
東京都・幸福の科学　教祖殿《きょうそでん》　大悟館《たいごかん》にて

1　「嘘《うそ》を言わない政治家」だった竹下登元総理を招霊《しょうれい》する　13

元総理にバブル崩壊《ほうかい》後の二十五年間の政治について訊《き》く　13

非常に印象的だった生前の竹下登元総理の言葉　15

2　消費税導入は「財政再建」につながったのか　19

「発言の許可」をしきりに気にする竹下登元総理　19

「『金配り』を言われたら、帰るよ」 24
消費税とは本来、財政赤字を減らすために導入したもの 26
二回の消費税増税を試みる安倍《あべ》総理を心配する竹下元総理 30
「消費税導入後から財政赤字が十倍になった理由を説明せよ」 33
「民主主義の逆説」を上手に使っている安倍政権 37
「消費経済」の現代では、消費税は水を堰《せ》き止める〝ダム〟になる 39
「土地担保《たんぽ》制度」の崩壊から止まってしまった日本の経済成長 41

3 すでに〝マスコミ省〟が存在している 44

「マスコミは、国民の側には立っていない」 44
マイナンバー制度は「ナチズムの本質そのもの」 47
消費税については「政界総懺悔《ざんげ》をしなければいけない」 49
マスコミは「国家権力の一部」になっている 52
「政府には国民の私有財産を自由にする権利はない」 55

4 国際情勢における「正義の論理」をどう見るか 61
不用意な「戦争礼賛《らいさん》」は、国民の財産と生命を脅《おびや》かす 61
イスラム教国に対する欧米《おうべい》の行動は国際的正義と言えるのか 68
5 日本の「民主主義」は死んだ!? 72
竹下元総理が、「日本は民主主義の国になっていない」と思う理由 72
小選挙区制にして、選択肢《せんたくし》をなくしてしまった日本 77
投票前から結果が決まっている日本の選挙は無駄《むだ》 81
6 一九九〇年以降の「経済政策」を検証する 86
「九〇年以降の経済政策の誤りを認めなければいけない」 86
マルキシズムの旗の下《もと》に動いている「政府」と「マスコミ」 89
「財政赤字や不況《ふきょう》でも、公務員が儲《もう》かるのはおかしい」 95
政府には「民間的経済手法」を入れるべき 98
7 竹下登、現代の政治家たちに苦言を呈《てい》す 100

日本の「民主主義」の現状をどう見ているのか　100
「政治家」の矛盾《むじゅん》と、それを責めない「マスコミ」　102
「賢人《けんじん》」はバカバカしくて立候補できない　104
竹下元総理の考える「失われた二十年」とは　106
「政府は一回、潰《つぶ》れたほうがいいんじゃない？」　109
民主主義政治の「あるべき姿」を語る　114

8　安倍総理の「国防強化」に見る〝危険性〟　117

〝超《ちょう》大国思想〟の「安倍政権」は一度、挫折《ざせつ》したほうがいい？　117
単に「国防強化して強大国家をつくる」というのは危険　120
「自由の大国」という意味を取り違《ちが》えてはならない　123
「安倍さんには、よく気をつけたほうがいいよ」　125

9　巨大化《きょだい》した「マスコミ権力」の問題点　128

マスコミは、チェックできない「巨大権力」　128

マスコミは、本来の使命を果たしていない　130
「アベノミクスが成功しないと、生贄《いけにえ》を欲《ほっ》するようになるだろう」　133
幸福実現党は、チャンスが到来《とうらい》するまで耐《た》えよ　139

10　**「神の心」を体《たい》した政治こそ日本の伝統**　144
今、日本で提示され始めた「政治のあり方」とは　144
「幸福実現党は、耐えに耐えて、使命を果たしていけ」　150
「政治革命」に優先する「宗教革命」　156

11　**日本の根本的な改革を目指して**　164
竹下登氏は、政治家である以前に、教育者であり、道徳家　164
「親父《おやじ》が総理だから総理候補になる」というのは、やめたほうがいい　169
幸福実現党は、あくまでも、「クリーンで行きなさい」　175
「嘘をつかないこと」と「本当のことを言い続けること」が大事　181

12　**竹下登元総理の霊言を終えて**　187

地上を離《はな》れて十五年、極《きわ》めて明確な話をした竹下登元総理　187

あとがき　192

「霊言現象《れいげんげんしょう》」とは、あの世の霊存在の言葉を語り下ろす現象のことをいう。これは高度な悟《さと》りを開いた者に特有のものであり、「霊媒現象《れいばいげんしょう》」（トランス状態になって意識を失い、霊が一方的にしゃべる現象）とは異なる。

なお、「霊言」は、あくまでも霊人の意見であり、幸福の科学グループとしての見解と矛盾《むじゅん》する内容を含《ふく》む場合がある点、付記しておきたい。

政治家が、いま、考え、なすべきこととは何か。元・総理　竹下《たけした》登《のぼる》の霊言《れいげん》

二〇一五年十一月十九日　収録

東京都・幸福の科学　教祖殿《きょうそでん》　大悟館《たいごかん》にて

竹下登《たけしたのぼる》（一九二四〜二〇〇〇）

政治家。島根《しまね》県出身。早稲田《わせだ》大学商学部卒。郷里の中学校で英語の代用教員をしながら青年団活動に打ち込《こ》み、一九五一年に政界進出。島根県議会議員を二期務め、五八年、衆議院議員選挙で初当選。自民党代議士として、内閣官房長官《かんぼうちょうかん》、建設大臣、大蔵《おおくら》大臣等を歴任。党内では主に田中派に所属、後《のち》に「経世会《けいせいかい》」（竹下派）を旗揚《はたあ》げし、最大派閥《はばつ》を形成。八七年、第74代内閣総理大臣に就任。ふるさと創生《そうせい》事業や消費税導入等を行うも、リクルート事件で引責辞任した。

質問者　※質問順

綾織次郎《あやおりじろう》（幸福の科学上級理事　兼《けん》　第二編集局長　兼　「ザ・リバティ」編集長　兼　ＨＳＵ講師）

釈量子《しゃくりょうこ》（幸福実現党党首）

里村英一《さとむらえいいち》（幸福の科学専務理事〔広報・マーケティング企画《きかく》担当〕　兼　ＨＳＵ講師）

［役職は収録時点のもの］

1 「嘘《うそ》を言わない政治家」だった竹下登《たけしたのぼる》元総理を招霊《しょうれい》する

元総理にバブル崩壊《ほうかい》後の二十五年間の政治について訊《き》く

大川隆法　竹下登《たけしたのぼる》元総理については、政治学的には、述べることはたくさんあります。ただ、話せば三、四十分とかかってしまい、質問の時間が短くなるので、今日は解説のほうは省《はぶ》くことにして、みなさんがたの質問に答えているなかで、だいたいのお考えが分かってくることを目指したいと考えています。また、いろいろな質問を、できるだけ多く受けたいと思います。

竹下登さんは、ちょうど日本のバブル期の最後から、バブル崩壊《ほうかい》にかけてのころに活躍《かつやく》された方で、大蔵《おおくら》大臣を四期ほどされましたし、総理大臣もされました（一九八七年十一月～八九年六月）。また、消費税の導入もされましたし、蔵相《ぞうしょう》のときには、ニューヨークで「プラザ合意」をされています。

ですから、この二十五年間の政治において、ある意味では「始まり」に当たる方なのではないでしょうか。

また、亡《な》くなってすでに十五年ぐらいになると思うので、「〝自民党の代弁〟としてだけ言う」ということもなかろうと思います。もちろん、私の個人的意見を代弁してもらうつもりもありませんし、幸福実現党の意見を代弁してもらうつもりもありませんので、「一政治家、元総理として、帰天《きてん》されて十五年ぐらいたった今、どのように見ておられるのか」ということをお訊《き》きしたいと考えています。

現在の政治を取り巻く環境《かんきょう》、抱《かか》えているシチュエーションは、当時とはそうとう変わっていると思うので、こうしたなか、「竹下登さんなら、どのようにお考えになるのか」というあたりを、今日は、いろいろな角度から訊いてみようと思います。

生前も、非常に丁寧《ていねい》で誠実な方でしたので、そう極端《きょくたん》なことはおっしゃらない可能性が高いとは思います。

●プラザ合意　1985年9月22日、ニューヨークのプラザホテルで開催された先進五カ国蔵相・中央銀行総裁会議（G5）における、為替レート安定化に関する合意のこと。合意前は1ドル230円台のレートが、合意後の1987年末には1ドル120円台のレートとなった。

また、私も以前、述べたことがありますが、「少なくとも総理になった政治家で、嘘《うそ》を言わなかったのはこの人（竹下登）ぐらいではないか」とも言われているので、ある程度は言ってくださるのではないかと考えています（『英雄《えいゆう》の条件』『大政治家になるための自己修行法《しゅぎょうほう》』〔共にＨＳ政経塾《せいけいじゅく》刊〕参照）。

非常に印象的だった生前の竹下登元総理の言葉

大川隆法　私の記憶《きおく》のなかに明らかに残っているのは、竹下さんが国会答弁のときに、いかにも元中学校教師らしく、「体制側にある者は耐《た》え忍《しの》ばねばならん」という言葉を繰《く》り返しよく言っておられたことです。国民に言っているというよりは、自分自身を戒《いまし》めているように聞こえました。

それは、「中学校の教師だった」というところから出ているのかもしれませんが、

『英雄の条件』『大政治家になるための自己修行法』（共にＨＳ政経塾）

何だか妙《みょう》に耳にこびりついて離《はな》れません。おそらくは、二十数年から三十年も前のことでしょうけれども、そういうことを言う人はあまりいません。しかし、実際は、そのとおりであり、自分が大を成《な》してくると、その言葉の意味がしみじみと分かってくることが多いわけです。

野党側、あるいは、(体制の)反対側にいる者は、無責任にいろいろなことを言えるのですが、体制側にある者は、「国益、あるいは国民にとってプラスになると思うことに関しては、反対を押《お》し切ってでもやらねばならないし、それに対する批判は、あえて受け止めねばならない」ということで、弁解もせずに、「雨《あま》だれのように受け止めなければいけない」というような感じでしょうか。言えなかったことも多かったのではないかと思います。

その程度を前提にしまして、旬《しゅん》の話題も含《ふく》めて、「政治とは何か」をもう一回考え、また、幸福の科学の立ち位置、幸福実現党の立ち位置等も、もう一回考え直すという意味で、本当にニュートラルに、「政治を経験した者として、今どのように見ておられるのか」、意見があればお聞きしたいと思います。

ですから、今日の「竹下登の霊言《れいげん》」は、もちろん、私個人の考えとは必ずしも一《いっ》致《ち》しませんし、幸福実現党や幸福の科学の見解とも、自民党の現在の見解とも、おそらく一致しないでしょう。あるいは、民主党や他の野党の見解とも一致しない可能性もありますが、ご自由にお話しいただこうと思いますので、今日は、できるだけ主観を外《はず》してみたいと考えています。

（質問者たちに）その意味で、よろしくお願いします。

里村・綾織　お願いします。

大川隆法　では、元自民党、内閣総理大臣・竹下登先生の霊をお呼びし、現在の日本が抱えておりますす政治状況《じょうきょう》に関するさまざまな質問に対し、お答えいただきたいと思います。

元総理・竹下登先生の霊よ。どうぞ、幸福の科学　教祖殿《きょうそでん》に降りたまいて、われらの質問にお答えください。

ありがとうございます。

（約二十秒間の沈黙《ちんもく》）

2　消費税導入は「財政再建」につながったのか

「発言の許可」をしきりに気にする竹下登元総理

竹下登　ああ……。

綾織　こんにちは。

竹下登　ああ……。うう－ん……。

綾織　本日は、幸福の科学　大悟館《たいごかん》にお越《こ》しくださいまして、まことにありがとうございます。

竹下登　いやあ、生前は、（幸福の科学が）自民党を応援《おうえん》してくださったこともあったとは思いますが、今の君たちの政治的主張とか、政界状況《じょうきょう》とかも変わっておるので、ご期待に応《こた》えられるかどうかは分かりません。
まあ、多少なりとも、私がボケてるところもあるかもしれないので。

綾織　いえいえ、とんでもないです。

竹下登　そのへんは、老人に説明を加えながら質問をするような気持ちで言ってくだされば、ありがたいと思います。

綾織　そうはおっしゃいましても、おそらく、今、地上で起こっている政治、あるいは国際政治の状況というのも、ある程度つぶさに見られているのではないかと思いますので、そういったところにも、お知恵《ちえ》を頂ければと思っております。

竹下登　うーん……、いや、こんなところへ来て、私が言って構わないんかねえ。

綾織　ええ。もう……。

竹下登　どっかの〝許可〟は要《い》らないのかなあ。ああ？

綾織　そうですね（笑）。

竹下登　ちょっと〝許可〟が要るような気がしないでもないけど。でも、自民党はこの世のものだから、あの世では〝許可〟は要らんのかね。

綾織　そうですね。やはり、日本の政治を心配されている立場として、お話をお伺《うかが》いできればと思います。

竹下登　うん。まあ、安倍《あべ》君の〝許可〟は要らんか。

里村　はい。

竹下登　うーん、まあ……、いや、多少怒《おこ》ることもあるからね、向こうがね。「もう出てくるな」という意見もあるかもしらんからさあ。

綾織　なるほど。

竹下登　正直に自分の考えを述べれば、そらあ、ずれることもあるだろうからねえ。

綾織　はい。

竹下登　いいのかなあ。でも、諸先輩《せんぱい》も少し出ているとのことであるから、まあ、いいか（『大平正芳《おおひらまさよし》の大復活』〔幸福実現党刊〕『父・安倍晋太郎《しんたろう》は語る』『日米安保《あんぽ》クライシス――丸山眞男《まるやままさお》 vs. 岸信介《きしのぶすけ》――』〔共に幸福の科学出版刊〕等参照）。

綾織　そうですね。はい。

里村　ぜひともよろしくお願いいたします。

『日米安保クライシス
―丸山眞男 vs. 岸信介―』
（幸福の科学出版）

『大平正芳の大復活』
（幸福実現党）

『父・安倍晋太郎は語る』
（幸福の科学出版）

竹下登　あんまり嘘《うそ》は言いたくないタイプなので、そのへんが、やや、現職の政治家の逆鱗《げきりん》に触《ふ》れる可能性もないわけではないので。

綾織　なるほど。

竹下登　少し心配だけど、まあ、「あの世」まで責任追及《ついきゅう》できねえだろうから、そら、いいかあ！

綾織　そうですね。

『金配り』を言われたら、帰るよ」

釈　ご生前は「気配り、目配り、金配りの人」と……。

竹下登　「金配り」はやめてくれよ（会場笑）。それは要らない（苦笑）。余計だよ。

釈　ああ、分かりました。そのようなお言葉があるようなのですけれども……。

竹下登　来て早々、斬《き》って、斬る、斬る（会場笑）。

釈　ご降臨《こうりん》いただいてから、さっそくの〝気配り〟ぶりにですね……。

竹下登　「気配り」ならいいんです。「気配り」はいい。「金配り」を言われたら、もう、私は帰るよ。

釈　いやいや……（苦笑）。

竹下登　うんうん。

綾織　あの世からは、「金配り」もできないと思いますので（笑）。

竹下登　そうそうそうそう。いやあ、君たちに配る金はないからさあ。

釈　本日は、本当にありがとうございます。

竹下登　うーん。

消費税とは本来、財政赤字を減らすために導入したもの

綾織　その「お金」というところで言うと、今の政治状況的には、「消費税」というものが、やはり、大きなテーマになっております。

竹下登　ああ……。もう、そこから来るんですか。

綾織　やはり、これは、消費税を導入された竹下先生に、どうしてもお伺いしておかなければいけないところではないかと思います。

竹下登　ああ、原点のところを攻《せ》めてきましたねえ。

綾織　実際、安倍首相としては、消費税を八パーセントに上げ、また、二〇一七年には十パーセントに上げていくことになっているのですが、日本にとっては、この消費税というのがなかなか厄介《やっかい》なもので、国民心理に、非常に大きな影響《えいきょう》を与《あた》えているのではないかと思うのです。

竹下登　そうだよ。そうだよ。うんうんうん。ほんとにそう思うよ。

綾織　そうした、導入された時点ではあまり予想できなかったことも、多々起きているのではないかと推察いたします。

竹下登　要するに、消費税をかけるに当たっては、「財政赤字を減らす」という目的だったよなあ。

里村　はい。

竹下登　だけど、私たちが企画《きかく》したころから比べればね、中曽根《なかそね》内閣のときの財政赤字は、百兆円ぐらいだったよな?

綾織　はい。

竹下登　今は一千兆円だろ?

綾織　超《こ》えていますね。

竹下登　消費税を入れたのに、なんで財政赤字は十倍になるんだね? 「財政赤字をなくすための消費税」と言うんだったら、これには理論的な説明が要るわなあ。

綾織　はい。

竹下登　それができてないんじゃないか。

●**財政赤字1千兆円**　国や地方自治体の歳出が歳入を上回っている状態。埋め合わせのために公債(国債・地方債)を発行して補う。2013年6月末には、国の借金である財政赤字の累積額は1千兆円を突破した。

二回の消費税増税を試みる安倍《あべ》総理を心配する竹下元総理

竹下登　私は、消費税を入れるために内閣を辞任した。いや、というか、だいたい「国民の血税を取る」という以上、やっぱり〝切腹《せっぷく》〟と引き換《か》えでなきゃいかん。これで、消費税三パーセントを導入して、私は政権を去ることになったからね。だから、今の「安倍君《あべ》」と言ったら怒るのかなあ。「安倍さん」と言わなきゃいけないのかな？「安倍先生」？　ええ？

里村　いえいえ（笑）。

竹下登　いや、いや、いや、「安倍総理」？「安倍総理」？

綾織　そこは「安倍君」でいいと思います。

竹下登　「安倍君」でもいいわな。私らのころは「安倍君」だからなあ。

綾織　大先輩ですので。

竹下登　安倍君が、一人で二回も消費税を上げるっていうのは、これは……、いや、私は心配してるんだがな。

綾織　ああ、なるほど。

竹下登　うーん……、ほんとに大丈夫《だいじょうぶ》か?

綾織　うーん。

竹下登　政治家なんかでも、一内閣で二回も増税をかけて、これでもつっていうことは、普通《ふつう》は考えられないので。

綾織　はい。

竹下登　政治家から見ても嫉妬《しっと》されるし、国民から見れば、そらあ、〝火あぶり〟にかけられてもしかたがないぐらいのことだわな。

綾織　ええ。

竹下登　それを、自分の人気で二回増税して、さらに「憲法改正」まで踏《ふ》み込《こ》もうっていう。これは、そうとう壮大《そうだい》なビジョンと自信がおありでなければ、できないとは思うんだけども。

もし、それが実力相応ではなく実現できるとしたら、どこか国家権力に無理が出る可能性はあるので、「それは本当にデモクラシーの方針に則《のっと》ってできることなのかどうか」「本当に正直にそう思うのかどうか」。やっぱり、やや訊《き》いてみたい気はするなあ。

「消費税導入後から財政赤字が十倍になった理由を説明せよ」

綾織　これについては、財務省側の考え方としては、ある意味では、安倍さんの人気を利用して二回の増税を実現し、そのあとは、もう要らないというような……。

竹下登　そんなはずはないでしょう。

綾織　そうですか。

竹下登　うん。そりゃあ（笑）、そんなことはないでしょう。「この内閣では」っていうことでしょ？

綾織　はい。

竹下登　だから、首相が代われば、また言えますわね。こういうものは終わりがないですから。たぶん。

ただ、（消費税は）私が導入しましたけどね、「財政赤字が十倍になった理由」を、やっぱり説明しなきゃいかんですよね。

綾織　はい。

竹下登　「財政赤字が十倍になった理由」は何ですか。GDPは二十五年間増えてないんでしょ？

綾織　はい。そうですね。

竹下登　同じでしょ？　なのに、「財政赤字は膨《ふく》らんだ」っていうのは、どういうことですか。

綾織　うーん。

竹下登　「使った」っていうことでしょ？　な？

綾織　はい。

竹下登　そういうことだろ？「借金してでも使った」ということでしょう。

綾織　ええ。結局、その消費税の理由がどんどん変わってきて、今はもう、「社会保障のために増税をするんだ」という話になっています。

竹下登　それは、本当は、「選挙に勝つためには、〝ばら撒《ま》く金〟が必要で、〝ばら撒く金〟を手にするためには増税が要る」という論理なんじゃないですかな。

綾織　はい。

竹下登　でも、これが民主主義に合ってるのかどうかは、一つ、考えないといかんな。

「民主主義の逆説」を上手に使っている安倍《あべ》政権

釈　竹下先生が首相でいらっしゃったときの、非常に大きなお仕事と言われるものに、「ふるさと創生《そうせい》」というものがございます。これは、自治体に一億円ずつ〝ばら撒いた〟という……。

竹下登　うーん、まあ、あんまり評判はよくないんで、アッハッ……（笑）。それで「金撒き」と言われたら嫌《いや》だなあ。

釈　いえ。このころの消費税上げには、「所得税を下げるために」というようなこともあったとは思うのですけれども。

竹下登　うーん。今は、所得税を上げて、消費税も上げるんだろ？

●ふるさと創生　1988年から1989年に行われた政策事業。竹下首相（当時）の発案であり、正式名称は、「自ら考え自ら行う地域づくり事業」。各市区町村の地域振興のため、使い道は限定せず１億円ずつを交付した。

釈　ええ。

竹下登　アッハハハハハ……。すごい強権だねえ。まあ、これはすごいや。

里村　（笑）

竹下登　私の十倍ぐらい強い政権でないと、できへんだろうね。すごいねえ。いやあ、大したもんだ。これは、「民主主義の逆説」を上手に使ってるなあ。「数の多いものは票が多い」ということだから、「票の多いものを取り込めるような政策なら、何でもやれる」ということだよな。

「消費経済」の現代では、消費税は水を堰《せ》き止める〝ダム〟になる

釈　安倍《あべ》首相が進めておられる「アベノミクス」は、「新三本の矢」なども出てまいりましたけれども、政治哲学《てつがく》として、このあたりについては、どう見ておられるのでしょうか。

竹下登　いやあ、私はねえ、うーん……。

いや、言葉は選ばないといかんな。後輩でも現職だからね。言い方によっては誰《だれ》が恨《うら》まれるか。私が恨まれるか、大川隆法さんが恨まれるか、（釈を指して）あんたが恨まれるか、幸福の科学が恨まれるか、それは分からんからさあ。だから、気をつけないと、これは……。

まあ、竹下個人の意見として言わせていただきますけどね。私が消費税を導入しましたけども、それはやっぱり、「財政赤字をなくす」ということが大義名分だっ

●新三本の矢　安倍政権が、「一億総活躍社会」の実現に向けて打ち出した政策。「アベノミクスは第二のステージに入った」とし、「強い経済」「子育て支援」「社会保障」の三つの政策を強化する。

たんで、財政赤字をなくせないんだったら、消費税の導入は国民を苦しめるだけになるし、現在の経済構造が、「消費経済」を中心に動いていますわな。昔の「貿易国」「輸出立国の時代」とは違《ちが》ってるわな。輸出なんか、もう（ＧＤＰの）十パーセントぐらいしかないだろう。

だから、ちょっと違うわな。「消費経済」ということであれば、消費税はかなり大きな〝ダム〟になるね。消費経済の発展のためにはね。

このへんは経済構造が違ってきているので、今、この「哲学」をどうするかを考えないといけない。

ただやみくもに上げればいいわけじゃなくて、ダムをどんどんつくられたら……。要するに、これは、三パーセントのダム、五パーセントのダム、八パーセントのダム、十パーセントのダムを、どんどんつくっとるわけで、これだと川の水が流れなくなるから、魚が移動できなくなるなあ。遡《さかのぼ》ることも下《くだ》ることもできなくなる。

これが、消費税の意味だからね。

里村　はい。

竹下登　「魚道《ぎょどう》は開《あ》いています」と言われても、そこをうまく潜《くぐ》っていく魚の数は少ないんでね。〝魚〟が多数動けなければ、消費活動は活発化しないからね。そういう意味でのダムなので。

だから、「消費活動が経済の主体になる」というのは、私らのころには、そこまで考えつかなかったことではあるんだよね。

「土地担保《たんぽ》制度」の崩壊《ほうかい》から止まってしまった日本の経済成長

竹下登　さらに、銀行の担保《たんぽ》主義による貸出《かしだし》システムが、完全に崩《くず》れちゃったよな？　「土地担保制度」っていうのが、戦後の神話だったからね。

里村　ええ。

竹下登　この戦後の神話が破れた。「土地さえあれば金を貸す」ということだったけれども、「土地が暴落する」なんていうのは、誰も予想しなかったことだから、その段階で経済成長ができなくなっているねえ。

経済成長さえすれば、税収は増えていくもんだけどね。

土地担保ができなくなって土地が暴落する。「土地」までが信用できなくなったから、日本列島で信用できるものは何もない。金《きん》もなければね。「金本位制」も取れなければ、何もできないし、それで「政治家のことを信用して」っていうのは、それは無茶な話だろうからねえ。

だから、経済の新しい潮流をよーく見ないと、よかれと思ってやったことが逆になることはあるかもしれないね。

里村　うーん。

3　すでに〝マスコミ省〟が存在している

「マスコミは、国民の側には立っていない」

綾織　先ほど、「哲学《てつがく》」という言葉を使われましたが、今の時点で、消費税など、新しく税金についての哲学を立てるとしたら、どのようなものになるでしょうか。

竹下登　だからねえ、「錦《にしき》の御旗《みはた》」の部分がないんだ。中曽根《なかそね》さんが五年間も政権をやって、長期政権で人気が出ていたときも、まあ、消費税の前は「売上税《うりあげ》」という名前だったけど、「売上税を導入する」と言ったら、やっぱり、総スカンを食《く》って退陣《たいじん》になりましたからねえ。それほど難しいもんなんですよ。

●売上税　中曽根康弘総理（当時）は1987年に売上税（後の消費税）を導入しようとしたが、失敗し、支持率は急落。同年に竹下登を後継者指名し、退任した。

ところが、その「国民を操《あやつ》れる」っていうところは、やっぱり、不思議すぎるんです。あまりにも不思議なんですよ。それも、民主党と自民党で政権交代を起こしながら、それが〝操れる〟っていうことは不思議で。

それは自民党も民主党も、結局は同じだということを意味してるわね。財政、あるいは税制に関しては同じだということで、つまり、「国民に選択肢がない」ことを意味してる。

ということは、これはですなあ、「マスコミは完全に、根回しされている」ということだな。「マスコミは、国民の側に立っていない。うまい具合におだてられて、政府の一部にされている」ということだと思うんだよね。戦っているポーズは取りつつも、実は、国民の立場には立っていなくて、「政府の一部に入ったような気持ち」になっているわけだ。

すでに、〝マスコミ省〟っていうのがあるんだよ、名前がないだけで。〝マスコミ省〟というのがあって、それにみんな所属している。〝マスコミ省〟の各局があってね、「マスコミ省朝日局」とか、「読売局」とか、まあ、あるわけよ。「産経局」とか。

里村　うーん。

竹下登　そういう〝マスコミ省〟の各局があり、同じく〝マスコミ省〟のなかにテレビ局も、みんな入ってるの。これは完全に取り込《こ》まれていますね。

釈　「マスコミが国家権力になっている」ということですね？

竹下登　なってます。

そういう意味では、まあ、世界が用心していることでもあるし、あなたがたも用心していることだけども、これは「ナチズムの生成過程」と極《きわ》めて似ているんじゃないですか?

釈　そう思います。

竹下登　極めて似てきているから、怖《こわ》いですよ。

マイナンバー制度は「ナチズムの本質そのもの」

釈　今は、「マイナンバー制度」というものが始まっています。

竹下登　それは、まさしく「ナチズムの本質そのもの」ですよ。これで行ったら、個人を全部つかめるんでしょう? 逃《に》げられないですよ。国籍離脱《こくせきりだつ》して、逃亡《とうぼう》でもしないかぎり。日本国民であるかぎり、もはや逃げるところはないね。

●マイナンバー制度　住民票を有するすべての国民に固有の番号を付して、社会保障、税、災害対策の分野で効率的に情報を管理するための制度。2011年の民主党政権(菅内閣)から導入に向けた検討が進み、2013年からは自民党政権(安倍内閣)がこれを引き継いだ。2016年1月から順次、各機関で利用が開始される予定。

里村　はい。一生ついて回るもので、マイナンバーの提示がないと、いろいろな手続きができなくなる時代になります。

竹下登　いやあ、気をつけないと、法律一つで、すぐに刑務所《けいむしょ》行きになりますからねえ。

里村　はい。

竹下登　「財産権の自由を、確実に当局につかまれる」っていうことは、「自由がない」ということと一緒《いっしょ》ですからね。

釈　すでに、「死亡消費税」なる提言も出てきており、フロー（収入）もストック（資産）も全部、つかまれる国になろうとして、今、進んでおります。

●死亡消費税　伊藤元重東大教授が社会保障制度改革国民会議で提唱した新税。すべての死者の遺産に一定の税率をかけて徴収する。国の医療財源の穴埋めをするために構想された。

竹下登　はあ……（ため息）。何でもかんでもねえ。「炭素税」なんていう案もあったし。炭素税があるなら、そのうち〝酸素税〟も出てくるかもしれない。ハハハハハ……（笑）（会場笑）。

どれだけ酸素を吸うか。いやあ、あなた（里村）みたいに体重の多い人だと、〝酸素税〟がすごくかかるかもしれない。人の倍は取られる可能性があるなあ（笑）。

里村　ええ（笑）。

竹下登　何でも、「税」を付ければ取れるからねえ。

消費税については「政界総懺悔《ざんげ》をしなければいけない」

里村　今、〝マスコミ省〟というお言葉もございました。

●炭素税　「環境税」の一種。化石燃料（石炭・石油・天然ガス等）の炭素含有量に応じて使用者に課税するもので、ヨーロッパの８カ国で導入されている。日本では環境税が検討されたが、導入には至っていない。

竹下登　うん、あるよ。現実にあるよ、これ。

里村　二十六年前、まさに竹下総理が消費税を導入したころ、マスコミの総叩《そうだた》きがありました。

竹下登　そうです。

里村　そして、その流れのなかから「リクルート事件」が出てまいりました。

竹下登　でも、あれ（消費税導入）は、民主主義というものがあったから、叩かれてもしかたがない面はある。当たり前だけど、国民の財布《さいふ》から取り上げるっていうのはね、人の財布に手を突《つ》っ込んで、人が働いて収入を得たものを取るってねえ。

●リクルート事件　1988年に発覚し、政界や経済界など12人が起訴された贈収賄事件。リクルート社（江副浩正会長）が自民党有力者の中曽根康弘、安倍晋太郎、竹下登などに、子会社リクルートコスモスの未公開株を譲渡したことが贈賄に問われた事件であり、1989年春には竹下内閣が総辞職に追い込まれた。

それで、税金を取られた人は、そのお金をどう使うかについて、権限を持っていないわけですから。それは、たまらないわね。

しかも、「それを福祉《ふくし》とか年金とか、いろいろなことに使う」と言っていたのが、また嘘《うそ》だと大バレしたんでしょう？　「年金があるので、老後はこれで安定ですから」って、突っ込んで取ってもね。

それで、政府への信頼《しんらい》が完全に崩《くず》れたんでしょ？

里村　そうですね。

竹下登　「将来、年金をくれるものだ」と思っていたから、積み立てていたわけだよね。ところが、そんなことはない。●使っていたんでしょ？　グリーンピアや、何だかんだ、いろいろやって。

●**年金積立金の使い込み**　国民から集められた年金保険料が、社会保険庁職員の交際費や福利厚生費等に流用されていた問題。また、グリーンピア（年金保養施設）運営の大赤字によって経営責任が問われた。

里村　はい。

竹下登　これはもう、「一億総何とか」じゃなくて、「政界総懺悔《ざんげ》」に当たるわけで、頭を剃《そ》らなきゃいけない。国民にお詫《わ》びしなきゃいけないことですよ。

マスコミは「国家権力の一部」になっている

里村　竹下先生のお話の筋《すじ》で行くならば、「政府は嘘をついたのではないか」ということですね。

竹下登　それは、「嘘」です。嘘をついてました。

里村　普通《ふつう》なら、今のマスコミには、「嘘をついた政府が、また税金を上げるんだ。とんでもない」と怒ってしかるべきところです。

竹下登　だからね、公明党も連立して入ってるから……。まあ、私はちょっと責任のあることを言ってしまうかもしれないけど、今は自民党員じゃないからね。党費は払《はら》ってなくて、自民党員じゃないから言ってしまうけれども。

公明党が、「軽減税率の実現へ」とか言って、やってるわねえ？　ポスターも貼《は》ってやってるけども。この軽減税率のなかに、マスコミもなだれ込もうとしてるよなあ？

里村　はい。

竹下登　絶対にそれは、完全にオルグ（組織拡大のための勧誘《かんゆう》）するためには、そうしたほうがいいけど。新聞とか本とか、雑誌とかあたりまで狙《ねら》ってるところでしょ？　これを〝餌《えさ》〟にして釣《つ》ってるんでしょう？

●「軽減税率の実現へ」　軽減税率とは、消費税などの負担を減らすために用いられる税率のこと。公明党は食料品等にかかる税に対して、2017年（消費税10パーセント引き上げ時）の導入を目指している。

里村　はい。

竹下登　選挙まで引っ張って釣るつもりでいると思うんだけど、これは、本当はナチズムそのものだよ。気をつけたほうがいいよ。

軽減税率を入れるとしてもね、マスコミはこれを受けたら駄目《だめ》だよ。それを受けたマスコミは、もう民主主義のなかにはいないと思ったほうがいいよ。「国家権力の一部だ」と考えたほうがいい。

軽減税率を受けるぐらいだったら、腹をかっさばいて、国民にお詫びすべきだ。自分たちが軽減税率を受けといて、国民には「税金を上げる」というのも書いて、それで民主主義を守ってるようなつもりで見せるのは、許せないね。

里村　はい。

●新聞とか……　2013年に日本新聞協会は、新聞や書籍などに対する消費税の軽減税率を求める声明「知識には軽減税率の適用を」を発表した。

竹下登　これは間違《まちが》いだね。それだったら、私みたいに〝叩き出される〟ほうが、政治家は幸福だ。

里村　うーん。

竹下登　これは間違ってる。

「政府には国民の私有財産を自由にする権利はない」

綾織　「そのナチズムの源流になっているものは財務省である」と考えてよろしいのでしょうか。

竹下登　だけど、財務省かどうかも分からないねえ。

綾織　そうですか。

竹下登　まあ、財務省を使ってる可能性もある。財務省を立てて、「財務省が言うことをきいてくれないので、予算を握《にぎ》っているために、しかたがなく」という、政治家の言い訳に使われてる面もある。

綾織　はい。

竹下登　つまり、片方が「財務省が怖いから」とか言えば、もう片方が、「いや、政治家側の圧力で」とか、両方が言ってるところがあるので。まあ、共闘《きょうとう》関係にはあるんだろうけれども。

ただ、財務省は民主主義とは関係ないからね。はっきり言えば、民主主義に対立する場合も多かろう。実際はね。

綾織　はい。

竹下登　だって、国民の私有財産を召《め》し上げるんですからね。基本的には、「憲法違反《いはん》」の存在になりやすいタイプだな。

まあ、国民は公共サービスを受けてるから、それは一定の税金を払う必要はあると思うよ。憲法上、義務もあるよ。

だけど、私有財産を自由にする権利は、やっぱり、政府のほうにはないのであってね。これは国民の「生殺与奪《せいさつよだつ》の権」を握ることになるからね。

「そこまで踏《ふ》み込んだら、政権が倒《たお》れる」っていうのが、自然の民主主義のシステムなんだよ。それでも倒れないというなら、これは……。まあ、「財務省がやってるのであって、政府がやってるわけじゃない」ってなるんだったら、政府は倒れないわね（笑）。

綾織　そうですね。

竹下登　こういう論理を許すっていうことはね、やはり、それはマスコミが使命を果たしていない証拠《しょうこ》だ。マスコミのほうが自分たちの税金をまけてもらうために、実は、そこに巻き込まれてるってことだね。

ある意味では、マイナンバーなんかに入らなくても、マスコミの（会計の）「決算」の裏まで全部つかまれているために、「追徴《ついちょう》税をかけられたくなければ、認めろ。黙示《もくし》するか、同意をするか、あるいは積極的同意をせよ。そうでなければ、前にやったように、おまえのところに追徴税、四億円かけるぞ。そうしたら、社のメンツは丸潰《つぶ》れだな」なんて言ったら、社長とかはみんな震《ふる》え上がるわな、すぐにな。簡単だよ。

一回、赤坂《あかさか》の料亭《りょうてい》で一言《ひとこと》、そう言えば終わるんで。「おたく、五本ほどありますよね？　かけようと思えばかけられるものが」って言ったら、もう、それで震え上がっちゃうわな。これは、危ないわな。

綾織　ちょっと、お話が思わぬ展開になっているのですが（笑）。

竹下登　いやあ、そうなんだよ。だからもうねえ、党籍から離《はな》れたら、こんなもんですよ。この世の人間じゃないからね。

まあ、先ほど、「金を撒《ま》く」って言われたから、ちょっと、ここは言っとかないと。私は金儲《かねもう》けをして〝サンタクロース〟をやってたわけじゃないので。

里村　はい。

竹下登　私は「必要」と思って、その哲学に基《もと》づいてやったんだけど、消費税を導入して、財政赤字が十倍になったんだったら、やっぱり、「これは、何かがおかしい」と考えるべきだと思う。

4　国際情勢における「正義の論理」をどう見るか

不用意な「戦争礼賛《らいさん》」は、国民の財産と生命を脅《おびや》かす

釈　竹下先生が二〇〇〇年にご帰天《きてん》されて十五年たちましたが、天上界《てんじょうかい》からご覧になっていて、平成の政治について、経済以外に、どんなところが目につきますか。

竹下登　いや、論点はたーくさんあるから、漠然《ばくぜん》と言わずに、「これはどうですか」みたいに訊《き》いてくれたほうが言いやすいけどなあ。

釈　例えば、「国際情勢」ですね。

竹下登　国際ですか。

釈　はい。竹下内閣のころは、イラン・イラク戦争が停戦となり、平和なムードが広がりつつある時代だったかと思いますが、今は逆行していて、テロが起きたり、中国の力による支配が、南シナ海、東シナ海、西太平洋へと広がりつつあるような状況《じょうきょう》です。

竹下登　うーん。やっぱり安倍《あべ》さんはねえ、基本的に戦争が好きだね。

釈　ええ？

竹下登　（安倍首相は）トルコへ行って、次はまた、フィリピンへ行っとるんじゃないの？（注。安倍首相は、二〇一五年十一月十三日からトルコを訪問し、十五

●イラン・イラク戦争　1980年から1988年にかけて行われたイラン・イラク両国間での戦争。1988年8月に停戦を迎えたが、その当時、日本では竹下登が首相を務めていた。

日から開催《かいさい》されたG20に参加した。その後、十八日から開催されたAPEC《エイペック》首脳会議〔フィリピン〕と二十日から開催されたASEAN《アセアン》関連首脳会議〔マレーシア〕にも参加している）

里村　はい。

竹下登　この人、ほんとに戦争、好きだよね。戦争、好きや。まあ、あんたがたも戦争が好きかもしらんけどなあ。

里村　いや、いや。

綾織　そういうことはありません。

竹下登　だけど、戦争が好きだったら、増税になる可能性はあるよ。増税路線になって、最終的には、国家予算の半分以上が「軍事費」になることがあるからね。まあ、気をつけないといかんことがあるから、不用意に「戦争礼賛《らいさん》」はしたらいかんと思うよ。

そら、どうしてもしなきゃいけないこともあるけども、「全面的に戦争ができる体制を常時つくる」というように、常備軍、あるいは常勝軍みたいなのを維持《いじ》するとなったら、国庫負担はもっと重くなるので、財政赤字はもう一段膨《ふく》らみ、国民の負担は、もう一段きつくなる。

里村　ええ。

竹下登　これは、本当に気をつけないと。

そのまま行くと、例えば、収入の上位三十パーセントぐらいの人たちが、「羽を全部むしられる鶏《にわとり》」みたいになっちゃう可能性があるから、気をつけたほうがいいよ。

里村　はい。

竹下登　一人一票しかない。それを逆手《ぎゃくて》に取られて……、まあ、どんな金持ちだって、一兆円の財産があったって一票しかないんだから、こんなの完全に無視できるもんな。

里村　ええ。

竹下登　「生活保護を受けていても一票、一兆円を持っていても一票」だったら、一兆円を持ってる人から九千九百九十億円を取り上げて、ほかの人に撒《ま》けば、ものすごく票が集まるよなあ。

里村　うん、うん、うん。

竹下登　こういう論理が働くので。

ヒットラーは、「ユダヤ人から金銀財宝やダイヤモンドをみんな取り上げて、そのあと生かしておくと食料費が惜《お》しいから、ガス室で殺してしまう」ということをやったけど、これは〝いちばん簡単な方法〟で、オウム真理教がやったことでしょう？　ねえ？

里村　そうですね。

竹下登　あれだって、財産、預金通帳を取り上げて、そのあとはパン代も惜しいから焼き殺したんでしょう？　そうして、灰にして。これ、一緒《いっしょ》じゃないですか。

里村　ええ。

竹下登　「財産を取れるだけ取ったら、いつでも死ね」っていうかたちになる可能性があるから。まあ、あなたがたも、このへんは、よくよく考えなければいかんよ。

里村　はい。

竹下登　戦争は避《さ》けられないこともあるけど、抑止《よくし》しなければいけないこともあるし、その前に、「言論」として言わないかんことはあると思うんだ。

綾織　うん、うん。

竹下登　「これは間違《まちが》ってる」と思うものについては、「間違ってる」とね。しかし、喜んで人殺しを拡大する方向に行ってはいけない。

イスラム教国に対する欧米《おうべい》の行動は国際的正義と言えるのか

竹下登　イラクだかどこだか、まあ、中東で戦争が起きて欧米《おうべい》軍が空爆《くうばく》する。それで、イスラム国のほうがテロをやる。

するとテロのほうだけが、欧米のテレビとか新聞とかで、しっかり報道されるから、ものすごい悪いことをしているように見える。そして、もっと空爆が激しくなる。

ところが、「空爆されたところで、どれだけ人が死んだのか」については、報道はされない。これでは、フェアな報道がなされてない。死んでる人のなかには、一《いっ》般《ぱん》市民もそうとう数いるわけだからねえ。

しかし、そちらのほうを映したら、今度は世界の「世論《せろん》」が逆転するので。

里村　うん。うん。

竹下登　よっぽど「醒《さ》めた目」でもって見なけりゃいけないと思うなあ。

里村　はい。

竹下登　そこまでして守らなきゃいけない国際的な「正義の論理」があるのかどうか。そこまで深く議論してるのかどうか。それが問題だよな？　一つはな。

里村　うん、うん、うん。

竹下登　それから、イスラム教という宗教が絡《から》んでるからね。「イスラム教徒は狂《きょう》人《じん》だ。ほとんど狂《くる》っとるから、幾《いく》ら殺してもいい」となってきたら、先の大戦で日本人が殺されたのと同じ論理だよ。

里村　同じですね。

竹下登　うん。「日本教というか、国家神道《しんとう》っていうのは、発狂した原始人の宗教で、『生きた人間が神様だ』と言うとる。『天皇も神様の子孫《しそん》だ』と言っとる。こんなのは野蛮《やばん》人の宗教だから、皆殺《みなごろ》しにしてしまえ」という、植民地主義時代のキリスト教の帝国《ていこく》主義と、まったく変わらん考えだよ。

里村　はい。

竹下登　これで、アメリカ軍は日本を目茶苦茶《めちゃくちゃ》にできたんだからさ。今度は同じことを、イスラム教国がやられる。イスラム教徒たちが、巻き添《ぞ》えを食う可能性がある。

だって、彼らの考えの違いなんて、区別がつかないんだからさあ。これは気をつけないといけないな。

里村　はい。

5　日本の「民主主義」は死んだ!?

竹下元総理が、「日本は民主主義の国になっていない」と思う理由

綾織　「非常に視野が広いなあ」という……。

竹下登　もうちょっと〝産経新聞的〟でなきゃいけないんかい？

綾織　（苦笑）いえ、いえ。生前の竹下先生は、あまり、そういう国際情勢の具体的なことは語られていませんでしたので。

竹下登　それは言わないよ。言ったら、何でも揚《あ》げ足を取られるから、それは言わ

ないさ。

綾織　はい。

そうした、ナチズム的な雰囲気《ふんいき》が近づいていくなかで、言論として戦わないといけないわけですが、「こうした状況《じょうきょう》のなかで、どう哲学《てつがく》を立てながら、国民の理解を得て、流れを逆転させていけるか」ということが、非常に大事になってくると思うのです。

「選挙の神様」的な位置づけにあられた竹下先生からご覧になって、このあたりは、いかがでしょうか。

竹下登　ああ、難しいな。

先ほど言ったように、マスコミは実際、〝マスコミ省〟になっていて、政府の一員になっているから本当のことは言えないし、社長らまで含《ふく》んで政界とつながって、会食して決めて、「談合政治」をもうすでにやってるので、そんなに簡単ではないです。

表向きは違《ちが》うけどね。下《した》っ端《ぱ》の記者たちは、「権力批判が、自分らの存在根拠《こんきょ》だ」と教えられてるけど、上は違うよ。重役から上は、全然、違うからね。もう完全に談合してるので、「政府の一部」になってます。

そのなかで、幸福の科学や幸福実現党は、まあ、私の帰天《きてん》後のことなので、もし勘違《かんちが》いしとったら許してもらいたいとは思うんだけども、君たちは、政治に対して、かなり自由な言論を行ってきたんではないかと思うんだよ。

要するに、君らが、マスコミの欠《か》けてる部分を補《おぎな》おうとしていた部分はあるんじゃないかと思う。

里村　はい。

竹下登　だけど、聞いたことによればね、まあ、私も霊言《れいげん》（の収録）を予告されてたんで、いろいろと聞いて回ったわけだけど、「幸福の科学大学の不認可は文科省がやった」というようなことを聞いています。

里村・綾織　はい。

竹下登　その審査《しんさ》の段階では、「経営・経済系の教授等が減税論者だから駄目《だめ》だ」とかいう意見も出ていたと聞いています。

ということであれば、「〝ナチズム〟が、もう文科省にも入っている」ということだと思います。思想統制に入っているわけで、これは、「学問の自由」、「信教の自由」まで取り締《し》まりに入っているということです。「政府に都合《つごう》のいいものでなければ、学校も許可しない」ということだ。「学問の自由」もない。

要するに、ヒットラーに反対する「学問の自由」はない。ヒットラーに反対する

●幸福の科学大学の不認可　2014年、文部科学省大学設置・学校法人審議会は「幸福の科学大学の背景に霊言が存在していること」等を理由に同大学を不認可とした。

ような「政治的自由」もない。そういうことと同じになってるわけで、屈服《くっぷく》させようとする力は、すごく強いわなあ。

里村　はい。

竹下登　まあ、（安倍《あべ》首相は）政治家の三代目で、（岸信介《きしのぶすけ》の）孫か何か知らんけれども、必要以上の支持率が出たような気がする。これは怖《こわ》い体質だし、日本が本当に民主主義の国になっていない証拠《しょうこ》じゃないかと思うんだ。

だから、代々のお殿様《とのさま》に仕《つか》える気分、将軍家の跡取《あとと》りに仕えたり、大名《だいみょう》の跡取りに仕えたりしているような気分でいるんじゃないかなあ。

里村　うーん。

小選挙区制にして、選択肢《せんたくし》をなくしてしまった日本

綾織　今日は、選挙のことや、あるいは、組織づくりのところも含めてお伺《うかが》いしたいなと思ったのですけれども。

竹下登　いやあ、それは、そういう話をしてもいいけどね。

綾織　こういう時代だと、竹下先生のような「目配り」「気配り」の「調整型」のやり方というものは、逆に難しくなると考えてよいのでしょうか。

竹下登　まあ、今、幹事長をしとる、あの……。

里村　菅《すが》（義偉《よしひで》）さんでしょうか。

竹下登　いや、幹事長だよ。

里村　幹事長？　ああ、谷垣《たにがき》（禎一《さだかず》）幹事長ですね。

竹下登　うん。彼は、そういう調整型の人だろうけども、おそらくあれは、左翼《さよく》を黙《だま》らせて、中国、韓国《かんこく》等を、あんまりに〝オコゼ〟にしない人材として使われているんだろうとは思うけどね。

里村　はい。

竹下登　だから、国民総活躍《かつやく》社会……、いや、「一億総活躍社会」か？　何か言うてるけど。

綾織　加藤勝信《かとうかつのぶ》大臣が担当ですね。

竹下登　なんか、〝一億総特攻《とっこう》〟みたいな感じを受けなくもない。君ら、〝非国民〟にされないように気をつけたほうがいいなあ。

里村　うーん。今、「一強多弱《いっきょうたじゃく》」と言われている……。

竹下登　選択肢《せんたくし》がないんだよ。

里村　ええ。

竹下登　民主党は失敗。ね？

里村　はい。

竹下登　自民党は失敗しようとしても、失敗したあとがないからさあ。うーん。あとがないんだよ。

里村　ええ。

竹下登　うーん。だから、しょうがないんだ。しょうがないんだよ。だから、〝ぶら下がる〟しかないんだろうけど。

里村　うーん。

竹下登　選択肢がない。小選挙区制にして選択肢をなくしてしまったんだからさあ。ただ、二大政党制は、両方が駄目だったら、もう終わりだから。片方が、ちゃんとしたチェック役をしてる場合はいいけど、両方が同じことを言ってるんだったら、もう本当は一緒《いっしょ》だよ。

投票前から結果が決まっている日本の選挙は無駄《むだ》

里村　「この状況を形成したのは、やはり自民党の力であり、また、野党があまりにも力が足りなかったということであり、もう一つは、マスコミが与党《よとう》のほうに、政府のほうに大きく加担しているからだ」

こういう分析《ぶんせき》でよろしいのでしょうか。

竹下登　うーん。だから、衆議院、参議院、それから、もう一つ、〝枢密院《すうみついん》〟●みたいなものがあって、その〝枢密院〟を、マスコミの〝元老《げんろう》〟がつくってるんだよ。

●枢密院　国王や皇帝の諮問機関。日本では、明治憲法下において、天皇の最高諮問機関として存在した。

釈　なるほど。

竹下登　これは選ぶことができない。選ぶことはできず、〝偉《えら》い人たち〟が牛耳《ぎゅうじ》ってるんだ。

里村　うん、うん。

そこで、先ほどの綾織の質問とつながるのですが、こういう状態を変えるためには、どうしていけばよいでしょうか。

竹下登　もう選挙をやめることだな。

里村　ええ？

綾織　選挙をやめる?

竹下登　だからなあ、今はもう、マスコミを頼《たよ》らなけりゃ選挙ができないようになってるから。マスコミの報道で、選挙の結果は、すでに決まってるんだよ。事前にもう分かってるんだ。二週間前、つまり公示したときにもう、結果は出てるんだよ。

綾織　うーん。

竹下登　これはもう、ほとんど無駄《むだ》だね。民主主義は死んだんだよ、ある意味で。テレビと、まあ、ラジオもあるかもしらんけど、テレビ、新聞その他、そういう媒《ばい》体《たい》によって結論はもう出せるので。

政治家やマスコミ人から言ったら、投票所に行ってるやつはバカな人たちであって、結果はもう出てるのに、わざわざ行ってる人たちなんですよ。「自分の一票で変わる」と思ってるけど、実際は変わらない。結果は、もう決められてるのでね。

綾織　ただ、逆に選挙をやめると、まさにナチス・ドイツと同じになってしまって、思う壺《つぼ》のようなところもありますけれども。

竹下登　うーん、だからね、ここで言論だけで戦った場合は、〝ソクラテス化〟して……、ソクラテスは死刑《しけい》だろ?

綾織　はい。

竹下登　それとか、〝吉田松陰《よしだしょういん》化〟して、死刑とかね。そんな感じになるからさあ。

●ソクラテスの死刑　ソクラテスは、一般市民から選出の法廷で有罪判決を受けた。弁明では自説を曲げずに抗議したため、最終的に死刑を宣告された。罪状は「国家の認める神々を認めず、新しい鬼神（ダイモン）を祀る罪」「青年に害悪を及ぼす罪」。「無知の知」を問われ、恥をかいた知識人からの私怨も影響した。

里村　うーん。

竹下登　弾圧《だんあつ》を恐《おそ》れなきゃいけないんでね。やっぱり、君たちも生き残れる道を考えとかないといけないね。どこかに埋蔵金《まいぞうきん》をつくって、生き延びれるように地下を掘《ほ》っとかないといけないよ。ハハ（笑）。逃《のが》れられないのよ、もう。

6　一九九〇年以降の「経済政策」を検証する

「九〇年以降の経済政策の誤りを認めなければいけない」

綾織　何とか希望を見出《みいだ》したいのですけれども、もし、竹下先生が、この状況《じょうきょう》で政治家として存在されているとするならば、どうされますか。

竹下登　うーん……。まあ、でも、九〇年以降の経済政策の誤りを認めなきゃいけないだろうね。「これは、明らかに国民を豊かにしない方向に働いた」っていうことを、まず率直に認めるところから始めないと。

「経済成長が二十五年止まる」っていうことは、そらあ、国策の誤りしかありえないでしょう。

それ以外の個人はみな、一生懸命《いっしょうけんめい》、努力してるんだから、会社も含《ふく》めてね。みんな成長したいし、みんな利益を上げたいんだからさ。それが上がらないようになってるっちゅうことは、やっぱり、問題があるんじゃないですかね。

里村　はい。

竹下登　おそらく、これはね、まあ、発展しないのは設備投資が進まないからだと思われるけれども、設備投資が進まないのは、要するに「信用」の問題で、何て言うか、お金を融資《ゆうし》するには「信用」が要《い》るわけですよ。「信用」を得なきゃいけない。根本的には、その「信用」を、どのようにしてつくるかの問題なんだろうと思うんだよな。

日本が悪くなると思っていたりするんなら、それは増えていかないですよ、どうしたってね。

だから、九〇年以降の経済政策の誤りを、もう一回、点検しなければいけない。
今は、実質上ゼロ金利になっているし、インフレターゲット（インフレ目標）とか言うてるが、現実には、マイナス成長の可能性はかなり高い。現実は、ゼロ成長でなくてマイナス成長してるし、賃金もマイナス賃金になってる可能性があるし、金利もマイナス金利になってる可能性が、かなり高い。

里村　ええ。

竹下登　名目《めいもく》は多少あっても、実質はマイナスの可能性があるので、経済は縮小に入ってる可能性がある。
それに、もし、人口減がその縮小を生んでるっていうのなら、政府はまったく要らないわな。もう、そういうことと同じだと思う。「人口が増えれば、経済は大きくなり、人口が減れば小さくなる」っていうなら、政府は要らないわ。（政府は）

まったく関係がないということでしょう。だから、関係ないところで、人がたくさんいるということになるなあ。

里村　うーん。

竹下登　やっぱり、誤りは認めなければいけないいんじゃないかな。

マルキシズムの旗の下《もと》に動いている「政府」と「マスコミ」

里村　今、「まず、経済政策の誤りを点検するところからだ」と言われました。竹下先生からご覧になって、どの部分がいちばん大きな誤りだった、あるいは、どういう考え方が誤りだったと思われますか。

竹下登　「内閣府の設置」。まずは、これが一つある。

●内閣府　2001年に内閣機能強化の一環として設置された行政機関。内閣官房を補助し、内閣の重要政策に関する企画立案および総合調整、行政事務の処理などを行う。また、経済財政諮問会議では予算編成等について経済財政政策担当大臣に意見を述べることができる。

里村　はい。

竹下登　大蔵省《おおくら》（現・財務省）が攻撃《こうげき》を受けて、財務省と金融監督庁《かんとく》（現・金融庁）に分解されていきましたけれども、さらに、予算権限を取ると称《しょう》して、「内閣府」というものをつくって、まあ、また「二重行政」が始まってるわけで。

里村　うーん。

竹下登　基本的に、責任の所在が分からないけれども、全権限を内閣のほうに持ってこようとしてる。これは国家総動員型にかなり近いでしょうね。

今、本当に財務省に責任があるのかどうか、よく分からない。内閣府っていう、〝分からない存在〟があるからねえ。

●金融監督庁　1998年に設置された行政機関の一つ。官僚・金融機関の不祥事等を受け、大蔵省から民間金融機関の検査・監督機能を分離・独立してつくられた。2000年に金融庁へ改組された。

里村　うん、うん。

竹下登　それから、金融監督庁なんていう役所も、どこが監督するのか分からないですが、おそらく、設備投資を止《と》める「銀行融資の渋《しぶ》り」に関係はあると思われる。要するに、日本国民やマスコミは、「監督」は大好きなんだよ。

里村　ああ。

竹下登　監督したり、制限したり、見張ったりするのは大好き。

里村　ええ、ええ。

竹下登　不祥事《ふしょうじ》の〝後始末〟は大好き。だけど、成功するのは好きじゃないんだ、どちらかというとね。（成功すれば）それは悪いことをした人で、〝犯罪人〟に見えてくる。マルキシズム的な考えが根深く入ってはいるわなあ。

だから、実際は、政府とマスコミがマルキシズムの旗の下《もと》にやってるんじゃないかね。

最近は、何か、「ピケティ理論」とかいうらしいけど、そういうのは、もうとっくの昔に日本には入っているんでね。

それでも、みんなが「バブル」と言ってた時期、売り上げが上がり、給料が上がって、使うお金がいくらでもあった時期は、それを、そんなに問題にする人はいなかったんだが、そのあと、増えなくなったときには、とたんに、そちらのほうが強くなってき始める。

パイの大きさが同じだったら、取り合いになるだけのことでしょ？　どの大きさに切るかだけの問題になるわけだからね。

パイの大きさが変わってないんだ、二十五年間ずーっと。そうしたら、誰《だれ》かが多く取ったら、誰かが小さくなる。ね？　そういう理論になってるから、これは、今、マルクスの考えた経済の理論のレベルになってるわけですよ。

釈　そうですね。

竹下登　「発展してるんだったら、マルクスが間違《まちが》ってた」っていうことになるけど、「発展しないんなら、（マルクスが）合ってる」ことになっちゃうから。「大金持ちが出たら、貧乏人《びんぼうにん》が出る。生活保護世帯が出る」。これを破らなければ駄目《だめ》だけど、政府もマスコミも、そちらのほうの理論だからね。だから、バブル潰《つぶ》しのところの反省は、絶対しないでしょう？

里村　はい。

竹下登　二度としないけど、やっぱり、ここに何か間違いがあったと見るべきでしょうね。

それを言ってるのは数名いるけれども、大川隆法先生が、特に強く言ってると思う。

だけど、マスコミはそんなものは、いっこうに伝えもしないでしょ？　それは、分かってない証拠《しょうこ》なんです。

釈　そうですね。

竹下登　「貧《まず》しいことを憂《うれ》えずに、等《ひと》しからざるを憂える」というのを、〝永遠の真理〟として言ってるわけでしょうから。

里村　うーん。

竹下登　「みんなが水呑百姓《みずのみびゃくしょう》になるんなら、別に構わない。しかし、そのなかから豪農《ごうのう》が出てきて豊かになるのは許せない」と、まあ、こういう思想が〝正義〟として、今、まかり通ってるっていうことだな。

「財政赤字や不況《ふきょう》でも、公務員が儲《もう》かるのはおかしい」

釈　まさにこれからは、「正義とは何か」ということこそ、政治の目指さなければいけない方向なのですが、「現代をどう変えていくか」ということで、私《わたくし》たちも戦っています。

竹下先生から見て、この選挙制度のなかで、また、〝枢密院《すうみついん》〟と言われた、マスコミの〝元老〟が牛耳《ぎゅうじ》るような国のなかで、どこから〝魚道《ぎょどう》を開く〟べきなのでしょうか。

「民主主義の国であれば、選挙で勝つべし」ということで、押してきているのですけれども。

竹下登 まあ、民間も一票、公務員も一票だからね。公務員も国民だと言えるしさ、公務員が豊かになることだって、国民が豊かになったたっちゅうことと一緒《いっしょ》だろうと思うけど。百パーセント公務員になったら、そらあ、昔の社会主義の政権になるわけですからねえ。漁業をする人も公務員、農業をする人も公務員となりゃあ（笑）、そうなるわけだから。

ただ、まあ、今、聞けば、●公務員は民間の一・五倍の年収があるそうじゃないですか。こんなことを言うと、公務員の方に嫌《きら》われるかもしれないけど、これはおかしいよ、はっきり言ってね。おかしくないかい？

釈 うーん。

●**公務員の年収** 公務員の平均年収は約640万円（人事院公表）、民間サラリーマンは約410万円（国税庁調査）。

竹下登　財政赤字がどんどん大きくなっていて、公務員の年収は民間の一・五倍ある。

昔は、「民間は（公務員の給与《きゅうよ》の）三倍ある」と言われていて、民間へ行けば儲《もう》かるのに、「儲からないけども、清貧《せいひん》の思想ながらお役に立ちたい」という方が志願して、公務員、役人をやってたわけで。「金はないけども、国家の大義を実現するために公務員をやる」という志《こころざし》でやってたんだが、「公務員のほうが儲かる」ということになると……。

公務員になりますと、これは、もう法律で給料が決まっておりますからね。働こうが働くまいが一緒ですよ。社会主義が実現してるわけで。「公務員の世界が広がる」っていうことは、「社会主義の社会が、その部分だけはシェアを持ってる」っていうことですよね。

もちろん、不況が起きたって、公務員のほうはボーナスが出ることがありますからねえ。（給料が）増えることもあるわけですので。ここは、ちょっとおかしいような気がしますね。やはり、もう少し景気と連動しないとおかしいと思う。

政府には「民間的経済手法」を入れるべき

竹下登　普通《ふつう》の会社なら、大量リストラをやったり、給料を下げたり、ボーナスカットをしたりしてやっていますし、会社更生《こうせい》法の適用もしていますね。だから、「政府が財政赤字だ」っていうんだったら、政府に〝会社更生法〟を適用してもらわないといけない。破産を一回、申告して（笑）、つくり直さなきゃいけない。政府が破産したら、「小さな政府」ができるわね。

例えばの話、「財務省と内閣府が両方要るのか。予算権限を持ったところが二重に要るのか」っていう。

まあ、財務省が（予算案を）つくったって、全部、内閣府で反故《ほご》になるんだったら、それは要らんわね。しかし、財務省が実際にやってるのを、そのまま聞くだけ、受け渡《わた》ししてるだけで、「判子《はんこ》を一個押《お》すだけのために内閣府が要る」っていうんだったら、これはおかしいなあ。

だから、何か事件が終わるたびに役所が増えていったりもするね。

あとは、「橋本《はしもと》さん（橋本龍太郎《りゅうたろう》元首相）とかが（省庁を）合併《がっぺい》したことで、役所の数が減った」っていうけど（注。橋本政権下の一九九八年に成立した「中央省庁等改革基本法」に基《もと》づいて、二〇〇一年、一府二十二省庁が一府十二省庁に統合・再編された）、民間だったら合併したら、そのあとリストラで数が減らなきゃいけないけど、「合併したら、さらに局が増えて、局長が増えて、役人が偉《えら》くなれる」っていうようなこともたくさん起きてるわけで。そらあ、もうちょっと「民間的経済手法」を入れないとおかしいんじゃないですかね。

これだったら、もう外国人にでも来てもらって、きちんと監査してもらわないといけないんじゃないですかね。日本人では、もう駄目なんじゃないですかね。

7　竹下登、現代の政治家たちに苦言を呈《てい》す

日本の「民主主義」の現状をどう見ているのか

里村　そのように、民主主義がおかしくなってきた元凶《げんきょう》の一つに、やはり、選挙制度の変更《へんこう》があったと思うんです。中選挙区制から小選挙区制になったために、それに合わせて、結局、「どうしても強いところしか残らない」、あるいは、「政治家の〝粒《つぶ》が小さく〟なった」というようにも言われています。

竹下先生も、最後のほうの選挙で小選挙区を経験されていますが、こうした選挙制度の変更を、どのようにご覧になりますでしょうか。

竹下登　いやあ、はっきり言って、「民主主義は、今のところ根付かなかった」ん

じゃないかね。

里村　根付かなかった?

竹下登　明治時代のように、直接税を十五円以上だったか何か払《はら》う人だけに選挙権があった時代から、納税額にかかわらず選挙権が広がって、それから、女性に選挙権がなかったのが選挙権が来て、これはもう理想的に全部に広がったわけなんだけど。それで広がって、民主主義が進むのかなあと思ったけど、結局、昔のように「お上《かみ》に支配されるのが好きな国民性」なんじゃないかと思うんですよ。

だから、お上は安定しているほうがいいんですよ。安定したお上に、藩《はん》なら藩が、ずっとあり続けるほうがいいんです。それが三百年ぐらいあっても別に構わないんですよ。藩のお上が決めることは、そのとおりやっとればいいっていう。

基本的に判断能力がないわけ。判断能力があるように、自分で自己欺瞞《ぎまん》させようと思えば、テレビや新聞の支持率とか、そういうものを見て、「ここが当選する」というところに投票すればいいわけですね。そうすれば自己満足は得られる。けれど、実際には、自分で選ぶ権利はないというか、判断する力がないというか、そういう状態になってるな。

今、民主主義の理想が実現されたように見えて、「民主主義が消滅《しょうめつ》しようとしている」ということやな。

「政治家」の矛盾《むじゅん》と、それを責めない「マスコミ」

里村　そういうなかで、あくまで民主主義に則《のっと》って政治を変えようとしたときに、例えば、どのように、政治家、あるいは政治家候補を育てればよいのでしょうか。このへんに関しては、いかがお考えでしょうか。

竹下登　いや、今は見てると、「選挙に勝つこと」と「実際の政治でやってること」

とが一緒《いっしょ》じゃないからね。

里村　ああ……。

竹下登　選挙のときには、選挙に勝つようなことしか言わないしね。それで安倍《あべ》政権なら、実際にやってることは、選挙の公約のときに言ってないことを平気で今、やってますわね。

これは、やっぱり、矛盾《むじゅん》があるところで、マスコミはそこを責めなきゃいかんわけだけど、全然責めないでしょ？「そういうふうに騙《だま》されて当然なんだ」と思い込《こ》んでいるということですから。「選挙に勝つために、やってるんでしょ？」という。

そういう公務員としての政治家が、年金生活ができるように、マスコミは応援《おうえん》してくれてるんですよ。だから、（政治家は）新規勢力が入ってほしくないんですよ。はっきり言えば、独占《どくせん》したいわけで。老後まで、九十までね、政治家として安泰《あんたい》で、年金をもらえるように行きたいわけですよ。

「賢人《けんじん》」はバカバカしくて立候補できない

里村　そうなると、野《や》にいる賢人《けんじん》を引っ張ってくるという……。

竹下登　だから、賢人は政治家に立候補しないんですよ、もうバカバカしくて。

釈　よく分かります。

竹下登　もう徒労ばっかりで、いいことは何にもない。

例えば、（渡邉美樹《わたなべみき》さんは）ワタミで居酒屋チェーンをつくって、せっかくオーナー企業家《きぎょうか》になったのに、参議院議員になったら、もう会社が〝潰《つぶ》れ〟に入っている。

里村　はい。

竹下登　あんなもんですよ。企業にいたら、独裁的に、いろいろなものを好きなようにできて、どんどん企業群を大きくできたのが、国会議員になって、千八百万円ぐらい給料をもらったら、とたんに会社のほうは〝潰れ〟に入って、自分は（国会で）ただの一票で、茫然《ぼうぜん》として立ち尽《つ》くすだけ。「（国会で）野次《やじ》を言え」とか言われて、それだけしか仕事がないみたいなことになっちゃうわけで。バカバカしくて、そういう企業家で成功した人や名声のある方は出られませんよ。

だから、賢人は出られないんですよ、本当に。もう最初から、ガリガリに権力欲がたくさんあるような人は、出てもいいのかもしれないけどね。

竹下元総理の考える「失われた二十年」とは

竹下登　日本が発展途上《とじょう》にあったときは、「いい政治ができれば、国が発展して国民が豊かになる」と思って、理想を持ってた人がたくさんいたけど、その峠《とうげ》を越《こ》えたあとが難しいわね。

その次は、もう「権力の安定」という言葉の下《もと》に、本当は自分たちの「生活の安定」や「身分の安定」に向かって組織運営をどんどんしていって、法律をつくり、許認可行政を牛耳《ぎゅうじ》るようになって。

だから、「江戸《えど》時代に戻《もど》ろうとしている。幕藩体制に戻っていこうとする」ということだねえ。

里村　そうすると、この二十数年間は、「失われた二十年」と、主に経済問題で言われてきましたけれども、竹下先生からご覧になると、実は、もう「民主主義、民主政治そのものが失われてきている二十年」であると……。

竹下登　……もう機能はしていないんじゃないかね、はっきり言って。

里村　はああ……。

竹下登　私はそう思うね。もう機能していないと思いますね。

私らは陳情《ちんじょう》はいろいろとたくさん聞きましたけど、今はもう政治家も、だんだん役人みたいになってきているんじゃないですかね。選挙のときだけはちょっとペコペコはするけども、あとはもう聞かないんじゃないですか。もう全然、聞いてないでしょう。馬耳東風《ばじとうふう》でしょう。

里村　例えば、かつての日本では、政権交代はなくても、自民党内に派閥《はばつ》があって、しかも、その派閥内で竹下先生は、最初は「創政会《そうせいかい》」でしたが、後《のち》の「経世《けいせい》会《かい》」（竹下派）をつくられて、政治的には父親の立場に当たる田中角栄《たなかかくえい》首相に対して反旗を翻《ひるがえ》されました。

あのように、自民党のなかには、ある意味で非常にダイナミズムがあったと私は思うのです。

ただ、今は、本当にそういうものがないなという感じがしておりまして、実は、このへんが、民主主義の力が弱まっていることと関係しているのではないでしょうか。

竹下登　ああ、だから、もう「安倍晋三《しんぞう》の次が小泉進次郎《こいずみしんじろう》」とかいうのはやめてほしいですな。これは、まるで歌舞伎《かぶき》役者か何かの世界みたいですわ、もう本当に（笑）。これ、民主主義政治と関係ないですよ。こんなのまったく、何の関係もないですよ。ただ、本当にジバン（地盤《じばん》）を相続しているだけのことですわな。

●経世会（現・平成研究会）　自民党の派閥の一つ。初代会長は竹下登。はじめは田中角栄派内に創政会を結成するも、1987年に、新しい派閥としての経世会へと発展した。

これは、選挙民も悪いけどねえ。もう面倒《めんどう》くさいんだよ。だから、「小泉と名が付きゃいい」とか、「安倍と名が付きゃいい」とか、何でもいいんだろうけど。民主主義じゃないよ、これはね。

「政府は一回、潰《つぶ》れたほうがいいんじゃない？」

釈　そのように、今、非常に行き詰《づ》まった、危機的状況《じょうきょう》だということが本当によく分かりますけれども、ここで諦《あきら》めるわけにもまいりませんので……。

竹下登　いや、諦めてもいいんだよ。

釈　（苦笑）

竹下登　諦めてもいいんだよ。もう、みんなに投票しないように呼びかけてもいいんだよ。投票率をグッと下げちゃったら〝崩壊《ほうかい》〟するから。

里村　（笑）その〝崩壊〟というのは、やはり、「日本という国の崩壊」でしょうか。

竹下登　いやあ、一回するべきだと思うよ。幕府の瓦解《がかい》みたいなのが必要だよ。今、これ、「江戸幕府の瓦解と一緒」だからね。財政赤字から来るんだよ、幕府の瓦解は。それで明治維新《いしん》が起きたんで。

財政赤字が一千兆円に来てるんでしょ？　もっとつくったらいいよ。潰《つぶ》れるから。瓦解したらいいんだよ。そしたらつくり直したらいいんで。

ちょっと、これ、おかしいので。これは、もうおかしいです。絶対おかしいです。

里村　そうすると、日本の立て直しのためには、いちおう壊《こわ》さないと……。

竹下登　いや、潰れたほうがいいんじゃない？

里村　それは、「別に、選挙制度によって、おかしくなったのではない」ということですね？

竹下登　いや、安倍さんが「このまま頑張《がんば》る」というなら、長期政権をやってもらったらいいよ。絶対、政府が潰れるから。

里村　はい、はい。

竹下登　やってもらったほうがいいと思う。むしろ、応援したほうがいいんじゃないか？　安倍政権があと五年やってくれたら、私は、たぶん政府は潰れると思うわ。財政赤字で潰れると思うから。

だから、一回潰したら、もう一回つくり直せる可能性があるから、〝倒産〟したらいいんですよ。〝政府の倒産〟、いいよ。それは、実際に発展途上国にあるんだからな。まあ、国の名前を出したら失礼だから言わないけども、南米とか、アフリカとかには、そういうことはあるので、日本だってある。ギリシャだって、最近、問題になってたけどなあ。

せっかく、「ギリシャみたいになるぞ」って言って、増税しようと財務省がキャンペーンを張っとるんだから、ギリシャみたいにしてやったらいいんですよ。そうしたらいいんですよ。公務員、全部レイオフ（一時解雇《かいこ》）ですよ。それで、もう一回つくり直す。必要なものだけ、つくったらいいんですよ。要《い》らないよ。

特に私は、本当に、とても言いにくいんだけども、「文科省」も要らないと思うし、「厚労省」なんて、こんなの要りはしないですよ。「経済産業省」、こんなの要らないですよ。まったく要らないですよ。「内閣府」、要らないですよねえ。もう本当に、要るのはちょっとしかないですよ。そんなに要らないですよ。何に

郵便はがき

料金受取人払郵便

赤坂局承認

8228

差出有効期間
平成29年11月
30日まで
(切手不要)

1 0 7 - 8 7 9 0

112

東京都港区赤坂2丁目10－14
幸福の科学出版(株)
愛読者アンケート係 行

フリガナ お名前	男・女	歳
ご住所 〒 都道府県		
お電話 (　　　) —		
e-mail アドレス		
ご職業 ①会社員 ②会社役員 ③経営者 ④公務員 ⑤教員・研究者 ⑥自営業 ⑦主婦 ⑧学生 ⑨パート・アルバイト ⑩他 (　　　)		
今後、弊社の新刊案内などをお送りしてもよろしいですか? (はい・いいえ)		

愛読者プレゼント☆アンケート

『政治家が、いま、考え、なすべきこととは何か。元・総理 竹下登の霊言』のご購読ありがとうございました。今後の参考とさせていただきますので、下記の質問にお答えください。抽選で幸福の科学出版の書籍・雑誌をプレゼント致します。
(発表は発送をもってかえさせていただきます)

1 本書をどのようにお知りになりましたか?

①新聞広告を見て [新聞名:]
②ネット広告を見て [ウェブサイト名:]
③書店で見て　④ネット書店で見て　⑤幸福の科学出版のウェブサイト
⑥人に勧められて　⑦幸福の科学の小冊子　⑧月刊「ザ・リバティ」
⑨月刊「アー・ユー・ハッピー?」　⑩ラジオ番組「天使のモーニングコール」
⑪その他 ( )

2 本書をお読みになったご感想をお書きください。

3 今後読みたいテーマなどがありましたら、お書きください。

ご感想を匿名にて広告等に掲載させていただくことがございます。ご記入いただきました個人情報については、同意なく他の目的で使用することはございません。

ご協力ありがとうございました。

も要らない。もう決断速度、交渉《こうしょう》速度を遅《おそ》くしてるだけですから。「外務省」も本当は要らないんだけども、機能としては要る。機能としては要るけど、役人としては要らないんですよ。あのレベルの役人は要らないんですよ。機能は要るんですよ。外交機能は必要です。ただ役人は要らないです。あのレベルの役人なら要らないんで、いないほうがいいんです。外交を遅《おく》らせて、判断間違《まちが》いをたくさん誘発《ゆうはつ》していますから、要らないんですよ。

安くしたかったら、「天皇親政」をやってもらったらいいですよ。皇居で政治をやっていただいて、あとは全部、取っ払ってしまえばいい。そうすると、きっと有志の人たちが出てきて政治をし始めるから。「ボランティアでもいいから、やらせてくれ」って出てくる、きっとな。

里村　はい。

竹下登　ハッハッ（笑）。

民主主義政治の「あるべき姿」を語る

綾織　今日は、生前の竹下先生からすると、まったく想像もつかないようなお話が……（笑）。

竹下登　いやあ、だから、造《つく》り酒屋《ざかや》の長男が中学校の教師をやって、県会議員をやって、あとは当選を重ねて総理大臣まで来ましたから、運命を自分でつくってきたほうだけどね。

今みたいなイージーな政治家の生まれ方や、「親が死んでくれて、二十代で国会議員にならなかったら総理になれない」とか、こういうシステムはあまり望ましくないですなあ。よくないと思う。

まあ、あまり言うと、私の親戚筋《しんせきすじ》にも影響《えいきょう》が出るかもしれないけど。

綾織　そうですね（笑）。

竹下登　だけど、イージーすぎるわ。やっぱり、よくないと思うな。「アメリカの初代大統領・ワシントンのお孫さんは、どうなさってますか」と言っても、誰《だれ》も「知らん」って言う。これでいいんですよ、民主主義はねえ。

ほかの世界は言わないよ。魚屋が三代継《つ》ごうが、お寺の坊《ぼう》さんが十代継ごうが、それは結構だと思いますよ。それは必要なこともある。業務的な専門知識も要れば、文化的なものもあるけど。

たぶん、政治に関しては、民主主義政治っていうのは、そういうふうにしてはいかんもんだと思います。

綾織・里村　はい。

竹下登　だから、「岸信介《きしのぶすけ》の孫（安倍晋三氏）はどうなったか」って言ったって、「いやあ、日本人で知ってる人は誰もいませんな。どうしたんでしょうな」って。これでいいんです。これが本当なんですよ。

8 安倍《あべ》総理の「国防強化」に見る〝危険性〟

〝超《ちょう》大国思想〟の「安倍《あべ》政権」は一度、挫折《ざせつ》したほうがいい？

里村　そのような日本にするためにも、ぜひお伺《うかが》いしたいのですけれども、竹下先生は十四回、当選されました。

竹下登　うん。

里村　今の選挙であるとか、そういうことではなくて、やはり、勝つ選挙をするために、竹下先生はどういうところに秘訣《ひけつ》を見つけられたのでしょうか。「選挙の神様」とまで言われましたけれども、そこには、どのようなポイントがあったのでしょうか。

竹下登　これは、やっぱり、一回崩壊《ほうかい》を経験しなかったら、たぶん分からない、気づかないと思いますね。日本自体は、実はまだ「成功体験しか持っていない」んですよ。だから、それは危ないんだと。

まあ、安倍《あべ》さんは、今、経済的にはバブルにはなっていませんが、政治的にはバブルになっていると思います。政治的には、あなたがたの主張とも重なるんだろうけれども、〝国際的バブル〟を起こそうとはしてると思うんです。

ただ、この〝超《ちょう》大国思想〟みたいなものは、残念ながら、私は足元が見えてないところがあるような気がするねえ。

里村　はあ……。

竹下登　今はあれでしょう？　「福祉《ふくし》」や「医療《いりょう》」で税金を四十兆円ぐらい使ってるんでしょう？　これは税収そのものと、ほとんど同額なんでしょ？

綾織　そうですね。

竹下登　こんなのありえないですよ。おかしいと思いませんか。

綾織・里村　はい。

竹下登　これは、おかしいですよ。やっぱり、おかしいですよ。もうこれは、政府を構成しているメンバー、内閣、および主要国会議員、それから、主要省庁の管理職等は、みんな〝●禁治産者《きんちさんしゃ》宣言〟をすべきですねえ。もう、お金を触《さわ》らせてはならないっていう。

●禁治産者　心神喪失が通常の状態にあり、法律上、自分で財産を管理する能力がないものとして、家庭裁判所から宣告を受けた人。2000年に「成年後見制度」へと移行した。

要するに、お金を触ると、赤字をつくって倒産《とうさん》するタイプなので、〝禁治産宣言〟をしなきゃいけないですね。

釈　うーん。

里村　それで、潰《つぶ》れてやっと分かってくると……。

竹下登　うん。一度、潰れたほうがいいね。何らかの挫折《ざせつ》は経験したほうがいいと思いますね。そうしないと、もうたぶん何にも変わらないわ。

単に「国防強化して強大国家をつくる」というのは危険

里村　そのときに初めて、選挙による民主主義、議会制民主主義のよさというか、大事さが分かってくるということでしょうか。

竹下登　だけど、ミャンマー（旧ビルマ）みたいに「民主主義と軍事政権」みたいな問題がある国も、たくさんあるけどね。

安倍さんのあれで行けば、防衛省か国防省になるんかどうか知らんけども、「軍隊だけが巨大化《きょだいか》して、最後に政治が腐敗《ふはい》したりしたら、また軍部が台頭する」というなら、昭和の初期と同じことが起きるんでねえ。

だから、今、「制服組」と……、まあ、「文官」と「武官」とが極《きわ》めて対等になってきていますからねえ。何か危ないと私は見てますよ。

あなたがたは「国防強化」を言っているんだろうとは思うけど、いやあ、国防強化だけでは駄目《だめ》ですよ。やっぱり、それはターゲットが大事なんで。「何について、どうするか」っていうことが極めて大事なことで、「国防そのものを強化する」っていうだけでは駄目ですよ。

こんなの、もう軍事主導的な「権威《けんい》主義国家」や「全体主義国家」と変わらない

●**制服組**　自衛隊員のうち、自衛官（武官）と呼ばれる隊員の通称。自衛隊法により命を受けて、自衛隊の任務を行う。制服の着用が義務づけられているので、この名がある。

ですから。単に漠然《ばくぜん》と、「国防強化して、強大な軍事国家をつくる」なんていうのでは駄目です。それは絶対、「自由の死滅《しめつ》」ですし、「民主主義の完全な終わり」が来ますから。

アメリカだってロシアだって、いずれ崩壊は来るよ。中国も来るけどね。みんな来るよ。軍事に頼《たよ》って「強大国家」と見せようとしたところは、まもなく、みんな破綻《はたん》していくから。これは経験していただきたい。そうならなければいけない。

だいたい、「地球の裏側まで行って空爆《くうばく》を続けるのを、もう七十年も八十年もやるなよ」ということは、やっぱり、私も言いたいですね。

里村　ああ、なるほど。

竹下登　余計なお世話ではあるわな。そう思うね。

別に、私は左翼《さよく》ではないからね。別に、そちらを応援《おうえん》するわけでもないけども、かといってマスコミがこれだけ統制されているなかで、さらに軍事がすごく強くなって、政治家の必要とあらば、軍部を使うかたちで「言論弾圧《だんあつ》」とか「思想弾圧」とかをやり始めると、これは戦前と同じような状況《じょうきょう》が起きるので。

「自由の大国」という意味を取り違《ちが》えてはならない

竹下登　確かに、「戦前のなかにも神の意志は働いていた」っていう、あんたがたが言うところには、当たってるところもあるけれども、戦前を生きた人間としては、肯定《こうてい》できないところもありますよ。そうは言っても、やっぱり、人権は抑圧《よくあつ》されてましたよ。この部分については、「反省」が必要だと思いますね。

（釈に）だから、今、大川総裁の言ってることを、あんた、よく聞きなさいよ。単に、「軍事国家、軍事大国をつくって、ほかのところを押《お》し潰す」とか、「やっつける」とか、そんなことは言ってないでしょ？　「自由」を何度も言ってるでしょう？　「自由の創設」って。

●自由の創設　人間の幸福の根本には「自由」がある。幸福の科学では、大川総裁の「新・日本国憲法 試案」第十条において、「国民には機会の平等と、法律に反しない範囲でのあらゆる自由を保障する」として、「自由の創設」を強く謳っている（『大川隆法政治講演集 2009 第1巻』〔幸福実現党〕等参照）。

それは、戦前で言えば、「『こんな本を出したから、発禁処分で取り締《し》まる』とか、『しょっぴく』とか、こういう体制は許さない」と言ってるんですよ。
だから、それとの区別を、よくつけないといかんですよ。

釈　「自由の大国」という……。

竹下登　そう、そう。意味を取り違《ちが》えたらいけないんじゃないか。

釈　はい。肝《きも》に銘《めい》じます。

竹下登　うん。いや、他国が他国を侵略《しんりゃく》して、その自由を取り上げることは悪いことだよ。それに対して批判をすることは結構ですよ。
ただ、「自国も同じように、そうなりたい」っていうんなら、それはちょっと違うんじゃないかということかな。

「安倍《あべ》さんには、よく気をつけたほうがいいよ」

竹下登　安倍《あべ》さんは、今、フィリピンに行って何がしたいわけ？　中国と一騎討《いっきう》ちがしたいのかな？　アッハハ（笑）。あの中古の自衛隊？

里村　まあ、南シナ海であれですね。

竹下登　ええ？　南シナ海？　南シナ海より、あんた、尖閣《せんかく》はどうするの？　竹島《たけしま》はどうするの？　それを解決できないで、あんた、南シナ海で戦うの？　アッハッハッハッハ（笑）。〝珊瑚礁《さんごしょう》海戦〟をやるの？　何かするの？　どうするの？

よく考えて動いたほうがいいよ。あの人、勉強が足りないから。よく気をつけたほうがいいよ。歴史認識ないよ。

里村　なるほど。

竹下登　法律の勉強、足りないよ。政治の勉強も足りないよ。危ないよ、人気に頼ってる政権っていうのは。何か欠けてるよ。

だから、（安倍総理に対して）「反知性主義」なんて言う人もいるけど、いや、これはきつすぎるし、「レッテル貼《は》り」で何にでも使われるから、私はいいことだとは思わんけども、言われるには、一部、理由はないことはないよ。

やっぱり、何て言うかなあ、「人間としての節制」の部分が足りないような気がするな。

里村　うーん……。

竹下登　何か、浮《う》いてるね。

里村　浮いている?

竹下登　うん。これは、「おじいさん（岸信介《きしのぶすけ》元首相）世代のつくった名誉《めいよ》に、何とか追いつき、追い越《こ》したい」っていう個人的なものがあるんじゃないかねえ。やっぱり、「分《ぶん》」は知ったほうがいいんじゃないかな。

里村　はい。

9　巨大化《きょだい》した「マスコミ権力」の問題点

マスコミは、チェックできない「巨大《きょだい》権力」

釈　その観点で言いますと、竹下先生は、「嘘《うそ》を言わない政治家」、あるいは、「約束を守る政治家」ということで、今でも非常に、そのお姿は多くの人から偲《しの》ばれています。「政治家のあるべき姿」をお教えいただけますでしょうか。

竹下登　うーん。まあ、あのねえ、すでにあるものを、そのまま存続することを前提にして物事を考えることは、もうやめたほうがいいと思うよ。だから、「これがなかったら、どうなのか」っていうことを一度考えたほうがいいんじゃないかね。

いやあ、例えば、アメリカの民主主義が始まったときの、「新聞に対する信頼《しんらい》」

みたいなものと、今のものは違《ちが》うよね。アメリカでは州ごとに新聞なんか出てるしね。まあ、せいぜい、大きくて東京新聞ぐらいのものしかないわね。そんな、全国に何百万、あるいは一千万も購読者《こうどくしゃ》を持ってる新聞なんてのは、これは「巨大権力《きょだいけんりょく》」ですよね。これに対するチェックは何もないわな。歯止めがまったくない、ないんでね。

できるとしたら、税務当局の査察ぐらいでしょ？　だけど、これも〝潰《つぶ》す〟ところまでは行かないな、やっぱりな。税法に則《のっと》って処理されたら、それ以上のことはできないわなあ。

里村　ええ。

竹下登　あと、あるとしたら、軍事を理由にして、「言論弾圧《だんあつ》」や、「スパイ」とかねえ？　そういう国際的な諜報《ちょうほう》活動とか、そんなのを引っ掛《か》けて、日本にマッカーシズム的なものが、また起きてくる可能性もあるとは思うけどね。

まあ、仕事はたくさんあるから、言うのは難しいんだけど、「あんまり傲慢《ごうまん》にはならないほうがいい」と思うよ。まず一言《ひとこと》目に言っておきたいこととしてはね。具体的なことはいっぱいあるから、難しいけど、あんまり傲慢にならないほうがいい。

里村　はい。

マスコミは、本来の使命を果たしていない

竹下登　あと、アベノミクスとか言ったって、自分がつくったもんじゃねえだろう。ほかの人の智慧《ちえ》を借りてやってるんで、本当は見通してないものが、いっぱいあるんじゃないかな。

だから、そのへん、ちょっとねえ。まあ……、政治が「テレビのコマーシャル化」したことに対しては残念だね。それから、新聞の記事なんかになりやすいよう

●マッカーシズム　1950年代に、アメリカ上院議員であるジョセフ・マッカーシーを中心に行われた反共産主義運動。赤狩り。共産主義者と疑われた政治家や文化人が攻撃された。

な動き方をした政治家が、票を取りやすいような……。

釈　はい。

竹下登　まあ、「維新《いしん》」とか、そんなところがね、騒《さわ》ぎを起こしては書かせて、ブームを起こそうとしたりするような、こんな感じの？　まあ、情けないね。本当に情けないと思う。

里村　うーん。

竹下登　誰《だれ》が言おうと、大事なことを言ったら、それを取り上げるのが、本当はマスコミの使命だわな。それを、「誰」が言ったかによって、全部、書くか書かないかを決めようとするだろう。「中身」じゃなくてな。

●アベノミクスとか言ったって……　幸福実現党は、2009年の立党時からアベノミクスの「3本の矢」に当たるものを打ち出しており、①インフレ目標など大胆な金融緩和、②交通インフラなどへの大規模投資、③抜本的な規制緩和と大減税を訴えていた。

いやあ、これはもう、マスコミも死んでるな。民主主義政治は、政治家の側も死んでるが、マスコミも死んでるんじゃないかな。

里村　はい。

竹下登　だから、マスコミも残念ながら、政府が解体するなら、もう一回考え直したほうがよろしいんじゃないですか。「特権階級」ができてるんじゃないですか、高所得の。ものすごい高所得のね。

平均一千何百万もの収入があるテレビ局、新聞社の社員が、「庶民《しょみん》の味方」のようなふりをしながら、書いてるんでしょ？　論説も見出しも。これは、実に怪《あや》しいよ。

里村　おっしゃるとおりです。しかも、司法の分野、独立していなくてはいけない「司法権力」ですらも、「マスコミにどう書かれるか」というところを見て判決を出すようなんです。

竹下登　司法のほうはね、だから、民間の生活が分からないからね。それで、新聞の一面と社説を読んで判決を書いてる。これ、危険だよな。

里村　はい。

竹下登　だから、「司法」も〝支配〟されてるし、「行政」も〝支配〟されてるわな。それから、「立法」のところも、立法府が選挙で選ばれる議員によってなってりゃ、選挙を〝支配〟されたら終わりだな。だから、けっこう怖《こわ》いと思うよ。

「アベノミクスが成功しないと、生贄《いけにえ》を欲《ほっ》するようになるだろう」

里村　それは、やはり、竹下先生が、リクルート事件をご体験されたということが、特に……。

竹下登　まあ、それもある。あれにも正義があったかどうか、やっぱり疑問はある。

里村　はい。私も、あのあたりからちょっと、日本の政治も……。

竹下登　おかしいな。

里村　はい。マスコミも政治も変質してきたかなと思うんです。

竹下登　いや、リクルートさんも、それは急成長したから、いろいろ問題があったのはあっただろうし、内部体制の確立ができてなかっただろうし。

若かったからね。全体に企業《きぎょう》が若かったからさ。そういう、世間《せけん》の大人たちと対《たい》抗《こう》するのに、知恵《ちえ》が足りなかった面はあるんだろうとは思うんだよ。急成長して、三十代ぐらいの役員でね、敵である五十代、六十代の老獪《ろうかい》な連中相手に、立ち回りしたんだろうけど。

でも、あれは、「新しいマスコミ」がつくられることに対する嫉妬《しっと》で潰されたところはあるんじゃないか？

里村　なるほど。

竹下登　だから、新聞、テレビに対抗できるような新しいマスコミが、リクルート社として立ち上がってくること。やっぱり、「別の権力」が立ち上がることへの「嫉妬」は大きかったんじゃないかな。そういうふうに思うなあ。

だから、あのあたりに何か「原点」はあるな。

里村　はあ……。

竹下登　だから、もう既存《きそん》の体制が出来上がって、「新しい大勢力はつくりたくない」っていうものかな。

里村　あたかも、昭和から平成に本当に変わるっていう時でございましたけれども。

竹下登　まあ。とても難しい時代だねえ。

あと、戦後体制もね、皇室を戴《いただ》きながら、「戦前との連続性を言いつつも、違った体制になったように見せる」という、極《きわ》めて曲芸的なことをやってきたのでね。やっぱり、どこかに何か厳しいものが出てくるかね。

だから、もうちょっと行って、アベノミクスが成功しないということになると、必ず〝生贄《いけにえ》〟を欲《ほっ》するようになると思うので。

里村　おお、なるほど。

竹下登　「何が生贄になるか」ということは、気をつけたほうがいいなあ。生贄にならないようにな。何を生贄にするか分からないからね。よう気をつけないといかんなあ。

里村　例えば、どんなものが生贄になりやすいのでしょうか。

竹下登　まあ、叩《たた》くものがあれば、マスコミは活気づくしね。政治は、また必要性を取り戻《もど》すしね。役所は、監督《かんとく》官庁としての力を取り戻すからね。

だから、そういう危険なものを何か、つくり出したい気持ちはあるだろうね。

里村　ちょっと、宗教としては怖い感じもしますね。

竹下登　そうよ。怖いよ。だから、立場を変えてさ、「宗教を狙《ねら》うんだったら、どの宗教を血祭りに上げると、いちばんすっきりするか」、よう考えてみたらいいよ。

里村　はい。

竹下登　だから、あなたがたも、負け続けることによって、今、「迫害《はくがい》を止めてる」わけよ。

里村　いやあ（苦笑）。

竹下登　実に、有効な戦い方をしてるね。矢を放ちつつ、敗れていく。たまには、矢が当たってるものもある。でも、永遠に勝てない構造が、今できてる。

幸福実現党は、チャンスが到来《とうらい》するまで耐《た》えよ

綾織　その部分なんですけれども、竹下先生がおっしゃるように、五年ぐらいしたら、安倍《あべ》政権なり、今の権力側が崩壊《ほうかい》していくこともあると思うんです。

竹下登　（幸福実現党は）今、「待つ」しか勝つ道はないね。だから、意見を言いつつね、やっぱり「待つ」しかないですね。活動を続けて……。

いや、それはねえ、必ず来るんだって、「崩壊」は。

綾織　はい。

竹下登　何か、すご〜く盛り上がって、強大になったものは、絶対に壊《こわ》れることに

なってます。

それはもう、「浜辺《はまべ》に打ち寄せる波」と一緒《いっしょ》なんですよ。岩に当たって砕《くだ》け散って引いていくんですよ。その瞬間《しゅんかん》を待たないかん。そこまで持ち堪《こた》えられるかどうかが大事なんですよ。

それまでに、あんまり突発《とっぱつ》した行動を取りすぎないことが大事で、モデレート（適度）にやりながら待たなければいけない。必ず砕けます。間違ったものは砕けてくると思うね。

だからね、まあ、緩《ゆる》やかに、現政権的なことを言うように見えながら、小波《さざなみ》的には、各個撃破《げきは》して、「政策の誤り」とか「行動の誤り」について刺《さ》していくような感じかな。針先でピシピシッと刺していくような、そういうふうな行き方がいいんじゃないかな。

綾織　なるほど。あまり大きな主張を言わないように……。

竹下登　大きな感じとしては、ある程度、国家の安定的発展を願うように見せつつも、個別のものについては、「意見、物申す」みたいな感じで、ピシピシと言うような態度で、チャンスが到来《とうらい》するのをジーッと耐《た》える。うーん、十年耐えるぐらいが大事だなあ。

綾織　まあ、十年かどうかは、ちょっとあれですけれど。

竹下登　今の体制は、十年は絶対もたないよ。人が替《か》わってもね、もたない。十年はもたないから。

綾織　なるほど。

竹下登　いやあ、「安倍から小泉進次郎《こいずみしんじろう》」なんていったら、絶対、私は「ノー」だね。これはもう、ファシズムが完成するよ。駄目《だめ》。絶対、駄目だ。そんなの、絶対駄目だからね。うん、駄目です。

そういう〝人気取り政権〟みたいなのが続いたら、駄目だ。絶対駄目です。国民の痛みが分からない人は駄目です。そういう、〝偽物《にせもの》のカリスマ〟みたいなのが、どんどん出てくるのは駄目です。

里村　はい、要するに、衆愚政《しゅうぐせい》を過ぎて独裁政になっていく。

竹下登　いやあ、「血統カリスマ」でしょうけどね。まあ、それはいろいろな世界にあるから、それはいいんだけど、政治に関してだけは、あんまり勧《すす》められないっていうことですよ。

だから、ビルマで言や、●アウンサンスーチーがやってるけども、あれだって、

●**アウンサンスーチー**（1945〜）　ミャンマーの政治家。1989年から2010年まで軍事政権により断続的に自宅軟禁される。2015年11月8日に行われた総選挙では、自身の率いるＮＬＤ（国民民主連盟）が圧勝し、議会の過半数を獲得した。

「民主主義の旗手《きしゅ》」みたいに言われてるけど、本当かどうかっていうと、アウンサン将軍っていう、「革命起こした人の娘《むすめ》だ」っていうだけでね。そんな全権を委《ゆだ》ねられるかっていったら、あとの国民が本当に力が足りないだけにしかすぎないことだな。

だから、そういうのと似てるのよ、日本も。少し似てるんだっていうことを知ったほうがいいよ。

里村　はあ……。

10 「神の心」を体《たい》した政治こそ日本の伝統

今、日本で提示され始めた「政治のあり方」とは

綾織　今日、お話をお伺《うかが》いしていると、先ほどからも言ってはいるのですが、かなり、生前の政治スタンスや、政治の進め方、お考えそのものから、すごく変わった感じがするんです。

竹下登　いやあ、私はもう、自民党最高顧問《こもん》でも何でもないから。

綾織　もう、以前から、そういうお考えを……。

竹下登　いや、そんなことはないよ。政治家も、〝霊界《れいかい》でのＯＢ会〟はあるからね。

綾織　あ、ＯＢ会？

里村　ほお（笑）。

釈　ほおー。

竹下登　ＯＢ会、やってるよ。

綾織　そこには、どういう方々がいらっしゃるんでしょうか。

竹下登　まあ、いちおう仲がいいのは、保守系の人たちが、いいことはいいですけどね。
まあ、OB会をやってるので、（地上の政治を）見てるよ。ただ、私たちの見方は、ちょっと〝早い〟ことは早いので、十年後に、こうならねばならんことが、今年にも起きなきゃいけないように見えたりすることがあるんでね、まあ、間違《まちが》ってるかもしれないけども。

綾織　はい。

竹下登　今はね、せっかく何て言うか、まあ、大川隆法さんっていう「宗教政治家」みたいな方が出てらっしゃるんでね。だから、古代日本と同じような体制が、今、少し見えてるので。
まあ、われわれは神々ではないけれども、「地上で政《まつりごと》をした人間が、あの世に還《かえ》って今、どう見えるか」ということを、議論を交《か》わして、（地上に）意見は送ってる。

だけど、地上にいる人たちが聞かないでしょ？　「竹下登がこう言ったから」っていっても、新聞がこれを取り上げることはないでしょ？　テレビが取り上げることもないでしょ？　政治家が国会で取り上げることもたぶんないでしょう。

だからね、この国は、日本の古来からの伝統からは、今、大きく離《はな》れているわけですよ。まあ、「民主主義の崩壊《ほうかい》」を言ってるけど、ある意味で、「日本古来のほうへ戻《もど》る」のも、一つの選択肢《せんたくし》ですよ。一つの選択肢でね。

里村　うん、うん、うん。

竹下登　だから、「神様の法で政治をする」っていうのは、それはイスラム教国はそうだろうけども、イスラムの世界には今問題がたくさんあって、そのまま世界に広げるわけには相成らんでしょう。

だから、日本的な、「神様がかかわった政治のあり方」みたいなものが、今、かたちとして提示されてるんでしょう？

里村　はい。

竹下登　まあ、これはすぐにはたぶん認められないでしょう。認められないけれども、この鏡に映った政治の世界？　そうした「神様の世界の鏡に映った、三次元（この世）の政治がどういうふうに見えているのか」っていうことを示すことで、認識が少しずつ変容してくることがあるからね。

だから、あなたがたは、この世的な権力をすぐに手にすることはできない可能性は高いと思うけれども、後世から見たら、やっぱり、これは「日本のもう一つの政治のあり方」を今、提示してるんですよ。

昔から、「神様のお心を体《たい》した政治をやろう」というのは、これは日本の連綿とした二千年ぐらいの歴史は、こうなんだ、間違いなく。二千年以上だね。二千何百年かは、こうなので。

里村　はい。

竹下登　まあ、入ってきた民主主義っていうのは、明治あたりから入ってきたり、それから戦後も特に、アメリカ的なのがすごく入ってきたりした。あるいは共産主義的なものが入ってきた。「思想の実験場」として、そうとう日本に入ってきたけどね。これは根付くか根付かないか、見てはいるわけだけども、まあ、根付く場合もあるし、根付かない場合もある。

ただ、根付かないなら根付かないなりにですね……。まあ、先ほど言った、「大《だい》名《みょう》の血筋《ちすじ》を引く者に治めてほしい」とか、「将軍の血筋を引く者に治めてほしい」という考えは、本当は、「神様の教えを受けた者に政治をしてもらいたい」という気持ちのすり替《か》えにしかすぎないと思うんだよな。

だから今、珍《めずら》しく、日本の神々、まあ、外国の神々も含《ふく》めて、いろいろな方々の意見を聞けるようになってきているわけね。これが、じわっと浸透《しんとう》はしているけれども、まだ力的には足りていないし、これがまた強く出すぎた場合には、同時に反発もすごく来るであろうから。それで、「時間はかかるだろう」ということを今、申し上げているわけね。

里村　はい。

「幸福実現党は、耐《た》えに耐えて、使命を果たしていけ」

竹下登　だけど、一つの考える材料が与《あた》えられるっていうことは、やっぱり、すごいことではあると思うんだよね。

だから、（幸福の科学は）今のところ、「権力」は持ってない。しかし、「権威」は出てきていると思うんだよね。まあ、第一期としては、「権威《けんい》がある意見を言うことで影響力《えいきょうりょく》を与えて、政治やマスコミ等に、あるいは一般《いっぱん》国民に考える材料を与え、教育の方針等に影響を与えていくこと」。それが、第一段階であると思うんですよね。

第二段階としては、「具体的な権力として持った場合に、どういう活動ができるかということを細《こま》かく割って、作業として見ていくこと」。それが第二段階だね。

少なくとも、この政権とか、そうした権威のある者たちに対して、意見が言える団体があるということ自体が、これだけで、「人間国宝」、「世界遺産的な存在」なんだから。それを守ることだけでも大事なことだよね。

里村　はい。

竹下登　だから、「幸福実現党が政権を取れるか」っていう質問を受ければ、私の答えは「ノー」です。取れない。

取れないけれども、そうした権威を守るための「外壁《がいへき》」になっていることは事実だと思うんだよね。敵の弓矢を防ぐあれにはなってるし、何て言うか、城壁の隙間《すきま》から矢を放って、ときどき当たってるだろうとは思うんだよね。

具体的には、権力まで届かないにしても、言うべき必要のあることは、ちゃんと言うということ。

そして、一定の勢力が取れるようには努力をする、と。簡単に、オルターナティブ（選択肢）っていうか、交代要員としての政党に育つのは、たぶん、そんな簡単なことではないだろうと思う。

それは、もとにある国民の意識として、「天上界《てんじょうかい》、神様の世界、霊界というものを認めて、神の心を受けて政治をする」っていうの？　これは、あんた（釈）も関係あるかもしらんけれども、それは、昔の奈良《なら》時代とか、その前の時代からそうだけども。うーん、飛鳥《あすか》、奈良、それから平安、こんな時代もみんなそうですよ（注。過去の霊査《れいさ》により、釈量子の過去世《かこぜ》の一つは、飛鳥時代の持統《じとう》天皇であることが判明している。『釈量子の守護霊霊言《しゅごれいれいげん》』（幸福実現党刊）参照）。

「神様のお心を受けて政治をする」っていうのが、日本の伝統ですからね。

今、そういう「片鱗《へんりん》」が出てき始めているということですね。

里村　はい。

竹下登　だから、やっぱり、差別に耐《た》え、批判に耐え、無視に耐え、耐えに耐えて、少しずつ使命を果たしていく、自分の義務を果たしていくことが大事で、得られるものは少なくても、それは耐え抜《ぬ》かねばならないんだと思う。

もし、アメリカから頂いたような民主主義が日本に根付かないなら、新しいかた

『釈量子の守護霊霊言』
（幸福実現党）

ちは何かということを模索《もさく》していくのが大事なことだね。神の声が聞こえないから、「民《たみ》の声が神の声だ」とすり替えるわけだけど、「民の声は、マスコミに動かされてる」ということであったならば、「民の声が神の声」と必ず言えるかどうか。そうしたら、マスコミはマスコミで、「清廉潔白《せいれんけっぱく》で、神の如《ごと》き心で政治に対して意見を言ってるかどうか」が問われなきゃいけない。

自《みずか》らが「軽減税率」を裏約束しておりながら、政権批判してるふりをしてるみたいなマスコミなら、信じるに値《あたい》しないね。公明党が「軽減税率」を言ってるんだろうけど、これを受けるマスコミの、政治に対する言論は信じることができない。

だから、国を再建するために絶対上げるべきだと、もし確信するなら、自分たちも高い税率を払《はら》うべきだ。十パーだろうが十五パーだろうが二十パーだろうが払うべきで。

ただでさえ、兆の単位で売り上げが減っている業界でしょう。新聞も、どんどん落ちてるし、書籍《しょせき》も落ちてる。だから、「軽減税率」は欲《ほ》しかろう、喉《のど》から手が出るほど。

だったら、やっぱり、独立不羈《どくりつふき》の態勢で、言うべきことを言わねばならんのじゃないかね。

釈　ありがとうございます。忍耐《にんたい》の要諦《ようてい》を教えていただいたような気がいたします。

竹下登　いや、だから、あなたがたね、票がもっと減るよ。

釈　はあ（苦笑）。

竹下登　「マスコミの軽減税率反対！」と言わなきゃいけないから、これ、票はもっと減るわ。だから、減ってばっかりや。どんどん減って減って、もうゼロになるまで戦え！

里村　（苦笑）

竹下登　まあ、ゼロってことはない。（幸福の科学の）職員ぐらいは入れるだろうから、ゼロはないだろうが。

「政治革命」に優先する「宗教革命」

釈　今日の霊言をお読みになった方は、「自分は何者か」ということがよく分かると思います。

竹下登　そうかな。

釈　ええ。ですので、幅広《はばひろ》く、お一人おひとり、マスコミの方、政治家、さらには国民に、「自由というものを守ろうとしているのは、いったい誰《だれ》なのか」ということも含めて問いかけながら、選挙で戦っていきたいと思っております。

竹下登　だから、あなたがたは、「宗教革命」も一つ入ってるからね。宗教革命というよりかは、本当は世界観の問題だよね。世界観が、「唯物論《ゆいぶつろん》的世界観 対 神様のいる世界観」という戦いでしょう?

釈　はい。

竹下登　で、日本の国自体がそれ、多数決で敗れているんでしょう? 戦後ね。それを、引《ひ》っ繰《く》り返そうとしているんでしょう? それは、アメリカが押《お》しつけた民主主義と実は、ずれてる面があったわね。「アメリカが押しつけた民主主義」に、「共産主義」が入ってた。

釈　入ってました。

竹下登　「唯物論的になっている民主主義」だよね？　この部分と戦ってるんでしょう？

だから、少なくとも、「権力」にはならないかもしらんけど、「権威」としては立って。

やっぱり、神様にだって意見はある。神様は、契約《けいやく》するとまでは言わないけれども、自分たちの意見をよく聴《き》く国民と、聴かない国民とに対して、ある程度、幸《さいわ》いをもたらすか、不幸をもたらすか、選択をされることはある。

なぜか最近、災害が多いということについて、真摯《しんし》に反省をされてはいかがでしょうか。

それは国政を預かる者、それから、もちろん天皇陛下《へいか》以下、宮中のみなさまがた、マスコミ関係者、省庁関係者に、何らか、やはり神仏《しんぶつ》の心に反してるものがあるから、こういう天変地異がかなり続いているんじゃないかというふうに思いますね。

まあ、あなたがたを当選させて、大きな党として国会で法案を通したり、議論したりする立場に立たせるのは、私がどう考えても難しい。その前に「価値観の戦い」があるからね。

里村　はい。

竹下登　やっぱり、「価値革命」で過半数を制しなければ、勝てないんですよ。

里村　なるほど。

竹下登　どうしても勝てないんで。

だから、「宗教革命」のほうが優先するんですよ。それが勝たなければ、「政治革命」は勝てないんです。

やはり、宗教本体のほうで、日本の価値観というか世論《せろん》というか、国民の常識を過半数に持っていかなければ、政治的に躍進《やくしん》することはない。その過半数が無神論・唯物論的なものであれば、また、マスコミも反省しないままでやれば、あるいは、国民の多数の声を反映すれば、そちらを無視する方向に行きますので。

里村　はい。

竹下登　まあ、いろいろなマスコミがあって、無視してもいいし、無視しないところもあっていいし、いろいろあるならいいんですが、「全部が一律無視する」という体制だったら、これはやはり……。まあ、真理はどっちかですからね。

だから、「あの世の霊界や、神々の世界があるか。まったくない、この世だけの世界か」、どっちかですけども。

ただ、少なくとも、「竹下登」を名乗る霊が今出てきて、政治について語ってるわけですよ。

それはもしかしたら、江戸《えど》時代の農民が、竹下の真似《まね》をしてしゃべっているだけかもしらん。江戸時代に練馬《ねりま》で練馬大根を抜いてたおやっさんが出てきて、今話してるだけかもしらんけども、「それにしては、日本の政治について一時間半も、ようしゃべっとるなあ」というところに、もし不思議を感じてくれるなら、「少し考え方を変えてみてもいいかな」と思う時間を取ってくれれば、ありがたいなあ。

里村　はい。

竹下登　「安倍《あべ》君をほめなかったから偽物《にせもの》だ」と言う人も、自民党系にはいると思うけど、「ほめなかったから本物だ」と言う人も、きっといる。

綾織　そうですね。

竹下登　「本物だったらほめるはずがない」と（笑）言う人も必ずいるはずなので。もし、これ（霊言）が本になって読んだり、あるいは（映像などで）直接聴《き》いたりした人が、「『先輩《せんぱい》として、後輩に対してキチッと批判をした』ということは正当だ」と思うなら、信じていただいたらいいと思う。

「後輩を立てるべきであって、『自民党の大躍進を願う』とただただ言うのが、竹下登の使命だ」と思う方が、「これは偽物だ」と言うなら結構です。

「そういう幽霊《ゆうれい》が来て、偽物が言ってるのかもしらんし、大川隆法氏の脳が、勝手に創作頭脳になっていて、いろいろなフィクションを頭のなかにつくり出してしゃべっている」と思うなら、そう思ってくださっても構わんと思う。

まあ、私は……、基本的にそんなところで。だから、君らの勝利は必ずしも予言できない。ただ、「使命がある」ことだけは、はっきり思うので。

11　日本の根本的な改革を目指して

竹下登氏は、政治家である以前に、教育者であり、道徳家

綾織　竹下先生は、まさに、一農民などではなく、日本の神々の一柱《いっちゅう》の方だと思います。

竹下登　いやいや、そんな神々というほどの者ではありませんよ。まだ庶民《しょみん》の気持ちが分かるぐらいのレベルの人間ですから。

綾織　もし、明かしていただけるような過去世《かこぜ》があれば、日本国民のためにも教えていただきたいと思います。

竹下登　まあ、造《つく》り酒屋《ざかや》の息子《むすこ》ですからねえ。だから、過去世は酒屋かなんかじゃないですか。

綾織　まあ、出発点はそうだと思いますけれども。

里村　ええ、〝今世《こんぜ》の出発点は〟、ですね。ただ、島根《しまね》の非常に伝統のある地域でございますから。

　幸福の科学では、もう二十数年前に、「斎藤道三《さいとうどうさん》のお孫さんに当たる、斎藤龍興《たつおき》さんではないか」という話も出ていました（『悟《さと》りに到《いた》る道』〔幸福の科学出版刊〕参照）。

『悟りに到る道』
（幸福の科学出版）

●斎藤龍興（1548 ～ 1573）　安土桃山時代の武将。斎藤道三の孫。父・義龍《よしたつ》の死後、14 歳で美濃国守となる。隣国尾張の織田信長の侵攻によって、稲葉山城を奪われる。その後、越前の朝倉義景《よしかげ》のもとに逃れるが、信長が朝倉氏を攻めたため、朝倉氏に従軍。越前刀禰坂《とねざか》の戦いで討ち死にした。

竹下登　国民の九十九パーセントは、そんな人知らないですよ。言ったってね。

里村　いえいえ、今日お話をお伺《うかが》いしましても、本当にバランスの取れたお考えに、私は感服しました。

竹下登　私はねえ、「政治家」である以前に「教育者」だし、「教育者」である以前に「道徳家」なんですよ。やっぱり、「道徳を教育で、あるいは政治で実現したかった」という気持ちがあるので。だから、基本的に筋《すじ》が間違《まちが》っているものに対しては認める気はないんですよ。

「『ふるさと創生《そうせい》』で、（各市区町村に）一億円撒《ま》いた」なんていうのは、それは小さいことで、恥《は》ずかしいことですよ。恥ずかしいことで、まあ、地方を育てたいという気持ちを、方向性を示しただけだしね。

それで、田中角栄《たなかかくえい》さんとの衝突《しょうとつ》もありましたから。「創政会《そうせいかい》」立ち上げでね、門《もん》前払《ぜんばら》いされたのをよく覚えている方も、まだいるだろうからね。かわいがってもらった上司というか先輩《せんぱい》に対して盾突《たてつ》いて、反旗を翻《ひるがえ》した。そういう、「明智光秀《あけちみつひで》みたいなことをしたのは許せない」っていう方も、田中家の人たちを中心にしているだろうとは思うけど。

まあ、「十年たったら竹下さん」って言って、十年、歌い続けて、時期が来たから旗揚《はたあ》げしたのでね。

それは許しがたいことであろうし、（田中角栄の）病気が悪くなったことについては申し訳ないとは思っておりますが、霊界《れいかい》では和解していますので、今。

綾織　そうですか。

竹下登　ええ、和解できてますから。

里村　ああ、そうなんですか。

竹下登　「申し訳なかった」とは言いつつも、和解はしていますので。まあ、共に「日本をよくしたい」という気持ちについては変わりはなかったけども、「もうちょっと権力を振《ふ》るいたかった方」と、「新しい時代に仕事をしなきゃいけない人で、その時期が来たのでそうしたかった人間」とのぶつかりが来たということですよ。

それは、親父《おやじ》に対する反乱みたいだったかもしれないけども、政治家は最後はですね、やっぱり自分の身を捨てて、正しさを実現することが大事だし、政治家が、そういう「鏡のような存在」でなかったら、国民を導けないと思うね。

あなたがたは今、手練手管《てれんてくだ》、あるいは、「タヌキ・キツネ学」の勉強の必要を感じていると思うけども、あえて無骨《ぶこつ》で、正直にやっていっていい。だから、宗教が学校をつくって、さらに政党をつくってるんでしょ？

里村　はい。

竹下登　そらあ、学校の先生みたいな人が政治をやったって、あんまりうまくないかもしれないけども、正直な言葉を述べ続けることが大事なんではないかなと思いますね。

だから、建前《たてまえ》だけで人を騙《だま》すことは、あんまり考えすぎないほうがいいと思うね。

「親父《おやじ》が総理だから総理候補になる」というのは、やめたほうがいい

竹下登　「私が、あなたがたに言う」というのは、自民党べったりの人や生え抜《はぬ》きの人から、どう見えるか。まあ、宗教だから政治じゃないとしても、そんなよそのところへ行って、しかも、幸福実現党みたいな〝非公認〟の政党があるのにそこに行って、元総理ともあろう者が迷い出て言うわけだ。だから、「これはもう、怨霊《おんりょう》

と化しているとしか思えない」って言う人もいるかもしれないけれども、まあ、ほかに出るところがないのでねえ（笑）。しかたがない（笑）。

釈　そうですね。

竹下登　しかたないでしょう。

里村　はい。

竹下登　だけど、意見を言いたいときもあるからね。

まあ、国際政治については、私はそれほど詳《くわ》しくはないので、それは、私よりももっと詳しい方や、また、大川隆法総裁自身がもっとお詳しいから、そちらの意見を聞かれたほうがいい。〝島根の酒造り〟よりは、たぶんいいとは思うけど。

里村　いえ、いえ、いえ。

竹下登　ただ、少なくとも日本の国のレベルについてはですなあ、私は、もうちょっと、どうにかせないかんと思う。

だから、政治家は謙虚《けんきょ》でなきゃいけないし、やっぱり、「解党的出直し」じゃなくて、「政府の解体的出直し」を考えないといけないのかなあと思ってる。

国民が長期低迷してるんなら、その原因究明こそ、政治の最優先課題だと思いますね。

だから、人気だけで選ぶのは、やめたほうがいいですよ。もう結構です。これ、安倍晋三《あべしんぞう》、小泉進次郎《こいずみしんじろう》で、そこに、ＤＡＩＧＯ《ダイゴ》なんか出てくるなよ、絶対に。

里村　いえ、いえ、いえ（笑）。

綾織　（笑）やっぱり駄目《だめ》ですか。

竹下登　勘弁《かんべん》してくださいよ、もう。「次の次の次の総理がＤＡＩＧＯ」なんて、私は、絶対認めないから！　出るな、絶対に！

綾織　これは、大事なお言葉です。

竹下登　そんなねえ、女優の北川景子《きたがわけいこ》を〝毛針〟で引っ掛《か》けてねえ、政治家に出ようなんてやつは、私は孫であっても許さないからねえ（注。竹下登元総理の孫であるＤＡＩＧＯと女優・北川景子の結婚《けっこん》報道を指す）。

綾織　（笑）なるほど。

竹下登　そらあ、もう、漫才《まんざい》ネタに使うことさえも絶対許さないから！　そんなのねえ、もう出るな！　それは民主主義の敵だ！　芸人は、芸の道を生きろ！　食べていけないんなら、職業替《が》えして、酒造りやるか、農業をやるか、どっちかにしなさい！

里村　（笑）

竹下登　そういうねえ、邪道《じゃどう》を使うな！　正々堂々と行きなさいよ。そういうの、私は嫌《きら》いだ！　もう嫌《いや》です。もう、やめたほうがいい。
　そんなねえ、小泉進次郎の人気、高すぎますよ。絶対、おかしいですよ。あれが普通《ふつう》の人だったらね、政治家なんかなれませんよ！　あのぐらいの人。

里村　そうです。はい。

竹下登　親父《おやじ》が総理だからって、そんなもんで総理候補になるっていう、絶対、そういうのはやめたほうがいい。

ほかの職業については言わないよ。開業医が、自分の息子に跡継《あとつ》いでほしいなんて、これは別に当然ですよ。そんなこと言わないですよ。お寺を持ってるところが、お寺が潰《つぶ》れるから跡を継いでほしいってのも当然ですよ。別に言わないですよ。

でも、政治家はおかしい。政治家は駄目だ。集団で、親、子、孫と相続して、票を入れ続けるみたいな。それは、大名《だいみょう》じゃないんだから。その時代は終わったんだから。

だから、明治維新《いしん》の原点に、もう一回戻《もど》るべきだと思うし、明治維新で駄目だったら、もっと昔、もう「神代《かみよ》の時代」まで返ってもいいから、もう一回、「神政政《しんせい》治」みたいなものを考えたほうがいいと思うな。

里村　はい。

幸福実現党は、あくまでも、「クリーンで行きなさい」

竹下登　私は、（幸福実現党は）教師役としての政治家でいいと思う。「人類の教師」として、あるいは「国民の教師」としての政治家でいいと思う。

それで通らないいんなら結構。だけど、意見だけは言い続ける。まあ、お金が続くかぎりね。それで、お金が続かなくなったら、しかたない。それはしかたない。もう安くやるしか方法はありませんけどね。

里村　ええ。

竹下登　まあ、独自にやってる以上、責任は取ってるんだろうけど、それをやって、政党がもたないんだったら、それはしかたない。自分たちの意見に共鳴してくれる、ほかの人を応援《おうえん》しながらやるしかない。だけど、宗教だけでも言論機能はあるから、戦いは続くでしょう。

だから、今のマスコミの状態から見て、あなたがたが大勝することは、かなり難しいし、まずは公党にしないように、今、懸命《けんめい》の〝ブロック〟を何重にも張られてるから。

里村　うーん。

竹下登　それは政府からも出てるし、安倍さんなんかでも、二重、三重、もう、二枚腰《ごし》、三枚腰、四枚腰ですよ。何重にもやっていますから。それはねえ、けっこうやってる。

それから、マスコミのほうもそうですから。広告代金はしっかりと取りながら、政党としては通さないように、ちゃんとやってますから。このへんの裏を見たらね、ほんっとうにゾッとする。もう、昔のかまぼこ工場の現場を見るような、「こんな汚《きたな》いところでつくってるのか」っていうね。それを、自宅で食べてる人たちは誰《だれ》も知らない。この状態です。政治の裏はその状態です。

里村　はい。

竹下登　だけど、政治の多数がそうだからって、あんたがたも、そうなろうとは思わないほうがいい。あんたがたは、やっぱりクリーンで行きなさいよ。クリーンで行きなさい。

だから、政治権力、あるいは行政権力を使って、いろいろ〝弾圧《だんあつ》〟をかけてくる。（幸福の科学）大学の不認可も、これは絶対〝弾圧〟なんだから。明らかに〝弾圧〟なんです。これはねえ、「政党（幸福実現党）への〝弾圧〟」なんですよ。

政党を認めさせないために、怪《あや》しい宗教があと押ししてるかのように見せようとして、これを不認可にした。「大学が不認可になるぐらいの宗教なんだ。それがつくった政党なんだから、こんな政党はおかしいんだ」と。全部、それなんですよ。それでマスコミが黙《だま》ってるでしょ？　これはねえ、マスコミの使命を完全に放棄《ほうき》してる。まったくマスコミとしてやっていない。不公正そのものです。

まあ、一部、週刊誌で追及《ついきゅう》してくれたところもあるから、良心が全部〝眠っている〟とは言わないけども、「大きいものや権力があると思うものは、全部叩《たた》き落とせばいい」っていうものじゃないでしょう。

変革しようとする前に、薩摩藩《さつまはん》と長州藩《ちょうしゅう》を潰しちゃったら、もう何も起きませんよね。「薩摩や長州は力を持ちすぎてるから、これを潰すことが優先だ。政府を潰すのは難しい。幕府を潰すのは力が要《い》るから、まずは長州と薩摩を潰すほうが先だ」みたいな、こんな考え方をしてたら何にも変わらないですよね。これは、「現状維持が自分らの得になる」という考えだわね。

そういうことで、現政権にちょっと不利なことを言ったので、「それは、元総理が言うべきことでない」と思う方は、どうぞ偽物《にせもの》の霊言《れいげん》だと思ってください。

ただ、私が言っていることは、大川隆法さんの個人的意見ではありません。私が霊界にいて、霊界の政治家たちと話して、現在進行形の日本の政治を分析《ぶんせき》して、感じたところをそのまま申し上げました。

私は、「消費税三パーセント」を導入して、退陣《たいじん》した政治家です。責任を取りました。導入して国民に「血税」を出させた以上、責任があるから退《ひ》きました。

だけど、そのあと、財政再建はならずに十倍に膨《ふく》らんでいっています。そして、「中国に追い抜かれる」というような恥ずかしいことが起きています。「韓国《かんこく》に抜かれる」なんていう噂《うわさ》だって立ってるぐらいです。おかしすぎます。

これを根本的に改造するのが、あなたがたの使命だと思いますし、やっぱり、マスコミに対しても、意見を言い続けなければいけないと思うんですね。

だから、いいじゃないですか。政治家になろうと思わずに、「宗教政治家」だと思っとれば。「宗教政治家」なんですよ。

里村　うーん。

竹下登　それでいいじゃないですか。「今、宗教政治家として、国民の教師をやっているんだ」ということなんで、先生は商売下手《へた》なんですよ。だから儲《もう》からないかもしれないけど、まあ、それでいいじゃないですか。

でも、時代は来る。きっと来るから。一方的な波ばっかりが押《お》し寄せはしないので。必ず波は岩に砕《くだ》けて、戻っていくときがあるからね。

まあ、私の意見は、一つの意見だから。全部じゃないから、一つの意見として聞いてほしいけども、私は「嘘《うそ》は言わなかった」つもりなので。

だから、ＤＡＩＧＯにも、「総理は諦《あきら》めろ」と、はっきり言っときます。

釈　（笑）

「嘘《うそ》をつかないこと」と「本当のことを言い続けること」が大事

綾織　では、最後に、釈党首から一言《ひとこと》頂きまして、終わりにさせていただきたいと思います。

釈　本日は、ありがとうございました。

本日の霊言を、日本中、津々浦々《つつうらうら》に広めて、この日本の根本的な変革を目指して頑張《がんば》ってまいります。本当に、ありがとうございます。

竹下登　うん。今、吉田松陰《よしだしょういん》先生よりは、まだそれでも、もうちょっといい身分だよ。街宣《がいせん》ができて、〝放し飼い〟にしてくれるんでしょ？　街宣があって、ビラ配って、本が出せるんでしょ？　まだいいよ。これで牢屋《ろうや》のなかに入れられたら、もう何もできないからね。それよりはまだ、今ましだから。
まあ、「足りないところ」を考えないで、「許されている自由」の部分に感謝しながら、ちょっとでも前に進んでいくことが大事だね。

釈　ありがとうございます。

竹下登　まあ、根本的には、「価値革命」が先にあるので、大勝できないのには理由がある。でも、これは、すっごい根深い問題で、「世界改革」までつながってる問題なんでね。
次は、「キリスト教圏《けん》 対 イスラム教圏の戦い 対 唯物論《ゆいぶつろん》の戦い」、この三つ巴《どもえ》でしょ？　これを乗り越《こ》えるのは、幸福の科学の思想しか、たぶんないんでしょ？

里村　はい。

竹下登　だから、これは〝すっごい大きな戦い〟になるから、教団が大きくなることが前提条件だね。それは絶対的な使命だと思うので、まあ、信者のみなさんがたも頑張らないかんし、日本国民にも、正しい宗教性を教えることは大事だと思うね。いずれ、諦めなかったらね、やっぱりどこかでは、ちゃんとかたちのあるものにはなると思う。ただ、それが自分の手柄《てがら》になるかどうかについては、考えすぎてはいけないんじゃないかな。

綾織　はい。ありがとうございます。

竹下登　いいかな？

綾織　はい。竹下先生にならい、忍耐《にんたい》の心で頑張ってまいります。

竹下登　いやあ、もう、ほんとねえ、「忍耐」ですよ。

里村　はああ……、やはりそうですか。

竹下登　もう、忍耐ですよ。それでね、「政治で嘘《うそ》をつかない」っていうことは、すごく大事なことですよ。それから、「本当のことだと思うことを言い続けること」も大事で、まだみんなの耳にこびりつくところまで言い続けてないんですよ。

釈　はい。

竹下登　それは、大事だからね。

国防は大事ですよ。国防は大事だけど、軍事大国化することが目標ではない。ここを間違わないようにしたほうがいいよ。

平和は、貴重なものです。だから、邪心を抱《いだ》いたところに対して、キチッと意見を言うことは大事だけども、まだ、もっと言論や宗教的な活動や、いろいろなものも含《ふく》めて、それでミックスして平和運動は起こせるものだから。

政治はそのなかの一部だし、軍事はそのなかの、さらに先端《せんたん》的な部分ですからね。だから、「中国人民を皆殺《みなごろ》しにすれば平和がやってくる」なんて、そんな考え方を持ったら、これはヒットラー以上になりますが、それは間違いですよ。

釈　はい。

竹下登　彼らだって、上にいる者たちによって弾圧されてる人々なんだからね。まあ、それは、何て言うか、力強く、末永い戦いが待ってると思って。大川隆法先生の本は、中国でも漢文で読まれてるからね。少しずつ入ってると思いますよ。きっと、彼らも何か縁《よすが》とするものを欲《ほっ》すると思うからね。

里村　はい。

竹下登　ちょっと、安倍君には、名指しで気の毒をしたかもしれないけど、私が田中角栄先生と、あの世で和解できたように、あの世では、ちゃんと仲良くできるものだと信じています。

綾織　本日は、まことにありがとうございました。

里村　どうも、ありがとうございました。

12　竹下登元総理の霊言《れいげん》を終えて

地上を離《はな》れて十五年、極《きわ》めて明確な話をした竹下登元総理

大川隆法　はい（手を二回叩《たた》く）。この人にしては、意外に極端《きょくたん》なところまで言いました。

綾織　確かにそうですね（笑）。

大川隆法　竹下さんは生前、「言語明瞭《めいりょう》、意味不明瞭」と言われていましたので、基本的には、「言語は明瞭で意味不明瞭なことを言う」と思っていたのですが、分かることを言われていましたね。

綾織　はい（笑）。生前はやや意味不明なところもありましたが、今日は極《きわ》めて明確でした。

大川隆法　「十五年」というのは、やはり、それだけの年数なのでしょうか。〝地上色〟が少し薄《うす》れているらしいですね。

綾織　そうですね。それは、まったく感じられませんでした。

大川隆法　でも、やはり、この人は、ある程度の、日本神道《しんとう》の神様でしょう。

綾織　ああ……。そうですね。

大川隆法　間違《まちが》いなくそうでしょうね。少なくとも、「出雲《いずも》系あたりの親分《おやぶん》格の神様」ぐらいの感じはします。いずれ、そういうものが明らかになることもあるかもしれませんね。

まあ、（幸福実現党は）すぐには勝てないそうですから、粘《ねば》り強く頑張《がんば》りましょう。

釈　はい。

大川隆法　やはり、「諦《あきら》めない」ということも大事ですね。また、宗教本体が力を持つことも大事です。本体が力を持てば、もう少し楽にできることもたくさんあるでしょう。

当会も、「少ないパイを取り合っている」ところが若干《じゃっかん》あるので、反省すべきことはありますね。

いずれにせよ、大きな夢を持っていきましょうか。

一同　はい。ありがとうございました。

あとがき

この竹下登霊言の衝撃《しょうげき》は何点かに要約されるだろう。

第一点は、初めて消費税3％を導入した元・総理がアベノミクスと抱《だ》き合わせの、消費税8％、10％を批判したことだ。理由として、消費税導入後、財政赤字は十倍にふくらんだ点の反省がなされていないことを挙《あ》げた。

第二点は、すでに「マスコミ省」が存在し、ナチズムの生成《せいせい》過程と同じ路線と、軍事大国化への道が開かれていること。言葉をかえれば「民主主義政治の死」が近づいていることに対して警鐘《けいしょう》を鳴らしたことだ。

第三点は、竹下氏自身が、日本の神々の一柱《いっちゅう》として、国造《くにづく》りへの責任を感じていること。宗教家・教育指導者としての眼を持っておられることが挙げられる。

とにかく「国民にウソを言わない政治家」の本心が語られた本書は、政治に関心があるすべての人々への啓蒙書《けいもうしょ》となるであろう。

二〇一五年　十一月二十八日

幸福《こうふく》の科学《かがく》グループ創始者兼総裁《そうししゃけんそうさい》

幸福実現党総裁《こうふくじつげんとうそうさい》　大川隆法《おおかわりゅうほう》

『政治家が、いま、考え、なすべきこととは何か。元・総理　竹下登の霊言』

大川隆法著作関連書籍

『悟りに到る道』（幸福の科学出版刊）
『父・安倍晋太郎は語る』（同右）
『日米安保クライシス――丸山眞男 vs. 岸信介――』（同右）
『新・日本国憲法 試案』（同右）
『大平正芳の大復活』（幸福実現党刊）
『釈量子の守護霊霊言』（同右）

※左記は書店では取り扱っておりません。最寄りの精舎・支部・拠点までお問い合わせください。

『英雄の条件』（ＨＳ政経塾刊）
『大政治家になるための自己修行法』（同右）

政治家《せいじか》が、いま、考《かんが》え、なすべきこととは何《なに》か。
元《もと》・総理《そうり》　竹下登《たけしたのぼる》の霊言《れいげん》

2015年12月10日　初版第１刷

著　者　　大《おお》川《かわ》隆《りゅう》法《ほう》

発　行　　幸福実現党

〒107-0052 東京都港区赤坂２丁目10番８号

TEL(03)6441-0754

発　売　　幸福の科学出版株式会社

〒107-0052 東京都港区赤坂２丁目10番14号

TEL(03)5573-7700

http://www.irhpress.co.jp/

印刷・製本　株式会社 堀内印刷所

落丁・乱丁本はおとりかえいたします

ISBN978-4-86395-744-2 C0030

Photo：Sandro Tucci/Getty Images

大川隆法 霊言シリーズ・自民党の政治家たちは語る

父・安倍晋太郎は語る

息子・晋三へのメッセージ

天上界の父親の目には、長期政権をめざす現在の安倍首相の姿は、どのように映っているのか。息子へ、そしてこの国の未来のために贈る言葉。

1,400円

宮澤喜一 元総理の霊言

戦後レジームからの脱却は可能か

失われた20年を招いた「バブル潰し」。自虐史観を加速させた「宮澤談話」――。宮澤喜一元総理が、その真相と自らの胸中を語る。【幸福実現党刊】

1,400円

救国の秘策

公開霊言 高杉晋作・田中角栄

明治維新前夜の戦略家・高杉晋作と、戦後日本の政治家・田中角栄。「天才」と呼ばれた二人が日本再浮上の政策・秘策を授ける。

1,400円

大平正芳の大復活

クリスチャン総理の緊急メッセージ

ポピュリズム化した安倍政権と自民党を一喝！ 時代のターニング・ポイントにある現代日本へ、戦後の大物政治家が天上界から珠玉のメッセージ。【幸福実現党刊】

1,400円

※表示価格は本体価格（税別）です。

大川隆法 霊言シリーズ・自民党の政治家たちは語る

中曽根康弘元総理・最後のご奉公

日本かくあるべし

「自主憲法制定」を党是としながら、選挙が近づくと弱腰になる自民党。「自民党最高顧問」の目に映る、安倍政権の限界と、日本のあるべき姿とは。【幸福実現党刊】

1,400 円

元大蔵大臣・三塚博「政治家の使命」を語る

政治家は、国民の声、神仏の声に耳を傾けよ！ 自民党清和会元会長が天上界から語る「政治と信仰」、そして後輩議員たちへの熱きメッセージ。

1,400 円

安倍総理守護霊の弁明

総理の守護霊が、幸福の科学大学不認可を弁明！「学問・信教の自由」を侵害した下村文科大臣の問題点から、安倍政権の今後までを徹底検証。

1,400 円

副総理・財務大臣 麻生太郎の守護霊インタビュー

安倍政権のキーマンが語る「国家経営論」

教育、防衛、消費増税、福祉、原発、STAP 細胞問題など、麻生太郎副総理・財務大臣の「国会やマスコミでは語れない本心」に迫る！

1,400 円

大川隆法ベストセラーズ・「自由の創設」を目指して

幸福実現党宣言

この国の未来をデザインする

政治と宗教の真なる関係、「日本国憲法」を改正すべき理由など、日本が世界を牽引するために必要な、国家運営のあるべき姿を指し示す。

1,600 円

政治革命家・大川隆法

幸福実現党の父

未来が見える。嘘をつかない。タブーに挑戦する──。政治の問題を鋭く指摘し、具体的な打開策を唱える幸福実現党の魅力が分かる万人必読の書。

1,400 円

自由を守る国へ

国師が語る「経済・外交・教育」の指針

アベノミクス、国防問題、教育改革……。国師・大川隆法が、安倍政権の課題と改善策を鋭く指摘! 日本の政治の未来を拓く「鍵」がここに。

1,500 円

父が息子に語る「政治学入門」

今と未来の政治を読み解くカギ

大川隆法　大川裕太　共著

「政治学」と「現実の政治」はいかに影響し合ってきたのか。両者を鳥瞰しつつ、幸福の科学総裁と現役東大生の三男が「生きた政治学」を語る。

1,400 円

※表示価格は本体価格(税別)です。

大川隆法霊言シリーズ・「マスコミ権力」と「政治権力」を考える

NHKはなぜ幸福実現党の報道をしないのか

受信料が取れない国営放送の偏向

偏向報道で国民をミスリードし、日本の国難を加速させたNHKに、その反日的報道の判断基準はどこにあるのかを問う。

1,400円

現代ジャーナリズム論批判

伝説の名コラムニスト深代惇郎は天の声をどう人に語るか

従軍慰安婦、吉田調書……、朝日の誤報問題をどう見るべきか。「天声人語」の名執筆者・深代惇郎が、マスコミのあり方を鋭く斬る!

1,400円

国家社会主義とは何か

公開霊言　ヒトラー・菅直人守護霊・胡錦濤守護霊・仙谷由人守護霊

神仏への信仰心がない社会主義国家には、国民の「真なる自由」もない――。死後も暗躍を続けるヒトラーや、中国の恐るべき野望が明らかに!

1,500円

大川隆法ベストセラーズ・経済に「自由」と「繁栄」を

資本主義の未来

来たるべき時代の「新しい経済学」

なぜ、ゼロ金利なのに日本経済は成長しないのか? マルクス経済学も近代経済学も通用しなくなった今、「未来型資本主義」の原理を提唱する!

2,000円

平成の鬼平への ファイナル・ジャッジメント

日銀・三重野元総裁のその後を追う

20年不況の源流であり、日本の好景気を潰した三重野元総裁は死後どうなっているのか!? その金融・経済政策が、いまジャッジされる!
【幸福実現党刊】

1,400円

ハイエク 「新・隷属への道」

「自由の哲学」を考える

消費増税、特定秘密保護法、中国の覇権主義についてハイエクに問う。20世紀を代表する自由主義思想の巨人が天上界から「特別講義」!

1,400円

※表示価格は本体価格(税別)です。

日本建国の原点

この国に誇りと自信を

二千年以上もつづく統一国家を育んできた神々の思いとは——。著者が日本神道・縁《ゆかり》の地で語った「日本の誇り」と「愛国心」がこの一冊に。

1,800円

天照大神《あまてらすおおみかみ》の未来記

この国と世界をどうされたいのか

日本よ、このまま滅びの未来を選ぶことなかれ。信仰心なき現代日本に、この国の主宰神・天照大神から厳しいメッセージが発せられた！

1,300円

国之常立神《くにのとこたちのかみ》・立国の精神を語る

「降伏」か、それとも「幸福」か

不信仰による「降伏」か!? それとも信仰による「幸福」か!? 『古事記』『日本書紀』に記された日本建国の神から、国民に神意が下された。

1,400円

幸福実現党が目指す国づくり

幸福実現党テーマ別政策集 3
「金融政策」

大川裕太　著

景気回復に「金融政策」がなぜ有効か？ 幸福実現党の金融政策を平易に説明するとともに、行き詰まりを見せているアベノミクスとの違いを浮き彫りにする。【幸福実現党刊】

1,300 円

幸福実現党テーマ別政策集 4
「未来産業投資／規制緩和」

大川裕太　著

「二十年間にわたる不況の原因」、「アベノミクス失速の理由」を鋭く指摘し、幸福実現党が提唱する景気回復のための効果的な政策を分かりやすく解説。【幸福実現党刊】

1,300 円

いい国つくろう、ニッポン！

大川紫央　釈量子　共著

幸福の科学総裁補佐と幸福実現党党首が、「日本をどんな国にしていきたいか」を赤裸々トーク。日本と世界の問題が見えてくる「女子対談」。【幸福実現党刊】

1,300 円

太陽の昇る国

日本という国のあり方

釈量子　著

幸福実現党・釈量子党首が、九名との対談を通して日本の未来を描く。混迷する日本を打開する「知性」、「志」、「行動力」が詰まった一冊。特典DVD付き。【幸福実現党刊】

1,200 円

※表示価格は本体価格（税別）です。

大川隆法シリーズ・最新刊

女神の条件 女優・小川知子の守護霊が語る成功の秘密

芸能界で輝き続ける女優のプロフェッショナル論。メンタル、フィジカル、そしてスピリチュアルな面から、感動を与える「一流の条件」が明らかに。

1,400円

平和学入門 元東大名誉教授・篠原一 次代へのメッセージ

「米ソ冷戦」から「中国台頭」の時代に移った今、政治理論はどうあるべきか。討議型デモクラシーはなぜ限界なのか。政治学の権威が"最終講義"。

1,400円

病気カルマ・リーディング 難病解明編

「胃ガン」「心と体の性の不一致」「謎の視力低下」「血液のガン」の元にあった「心のクセ」や「過去世の体験」を解明! 健康へのヒントが満載。

1,500円